J'APPRENDS À APPRENDRE

CHRISTIAN DRAPEAU

J'APPRENDS À APPRENDRE

ISBN : 2-89074-369-1

Table des matières

INTRODUCTION

Qu'est-ce que l'apprentissage accéléré?

Le terme «apprentissage accéléré» désigne toute approche, toute attitude, toute technique ou méthode qui permet de faciliter l'apprentissage et d'acquérir des connaissances nouvelles plus rapidement et plus facilement.

L'être humain a une structure physiologique, psychologique, psychique et neurologique bien définie ou, du moins, propre à son espèce. Malheureusement, les éducateurs ont rarement tenu compte de toutes ces composantes pour créer une méthode d'apprentissage adéquate. Il en résulte que nous n'avons jamais *appris à apprendre*.

Il est possible, en manipulant ces dimensions physiologiques, psychologiques et neurologiques, de même que son environnement intérieur et extérieur, de créer un état de grande réceptivité intellectuelle. C'est ce que les techniques d'apprentissage accéléré permettent d'actualiser: puiser dans la totalité de ses ressources et de son potentiel de manière à favoriser un apprentissage optimal.

Il importe de mentionner que certaines de ces techniques amènent des résultats rapides, tandis que d'autres demandent un entraînement rigoureux et une pratique constante et assidue.

Apprendre est en soi un apprentissage et tout apprentissage requiert une certaine concentration et des efforts. Mais encore faut-il rendre ses efforts intéressants et productifs!

Chapitre 1

HISTOIRE DE L'APPRENTISSAGE ACCÉLÉRÉ

PRÉSENTATION DES DIVERSES APPROCHES

L'apprentissage accéléré, tel qu'on le connaît aujourd'hui, trouve ses origines en Bulgarie. En effet, c'est au début des années 60 que le Dr Georgie Lozanov entreprend ses travaux sur la suggestopédie. Cependant, les tensions qui prévalent alors entre les pays de l'Est et ceux de l'Ouest gênent grandement tout échange entre les deux blocs. Finalement, c'est au terme des années 70 que certains chercheurs étrangers auront accès aux travaux du Dr Lozanov, ce qui permettra la diffusion de la suggestopédie en Amérique.

Deux courants verront alors le jour: la Société pour l'apprentissage et l'enseignement accéléré (*Society for Accelerated Learning and Teaching* (SALT) — qui a récemment changé son appellation pour l'Alliance globale pour l'apprentissage (*Global Alliance for Learning*) — et le Surapprentissage (*Superlearning*). Au cours des années 80, ces deux courants de pensée continueront à progresser.

Dans notre approche de l'apprentissage accéléré, nous n'entendons pas nous limiter à un seul de ces courants, mais suggérer un programme original s'inspirant des richesses de chacun d'eux. Analysons d'abord chacune de ces approches.

LA SUGGESTOPÉDIE

Il est difficile de définir exactement ce qu'est la suggestopédie puisque, d'une part, elle s'est largement répandue au cours des années mettant l'accent tantôt sur tel aspect, tantôt sur tel autre et, d'autre part, parce que le Dr Lozanov semble avoir omis à plusieurs égards, et sans doute pour des raisons politiques, de mentionner certains éléments importants de sa méthode. Malgré ses nombreuses lacunes, la publication la plus détaillée sur le sujet demeure celle du Dr Lozanov: *Suggestology and Outlines of Suggestopedy* (Suggestologie et principes de suggestopédie). Bien que cette production soit riche en informations, la description du déroulement concret d'un cours selon l'approche suggestopédique reste plutôt vague. En fait, comme le souligne Jane Bancroft, linguiste à l'Université de Toronto :

> *[...] il est possible qu'on ait délibérément tenté de rendre la méthode inaccessible aux Occidentaux et que certains éléments, spécialement ceux concernant le yoga, aient été retirés avant la publication pour des raisons politiques*[1].

Dans les années 80, de nombreux articles ont prétendu décrire l'approche suggestopédique de Lozanov; toutefois, tous variaient sur un ou plusieurs aspects de la méthode. En dépit de ces ambiguïtés, il est possible de retracer dans ses grandes lignes l'évolution de la suggestopédie jusqu'à sa forme actuelle ou, du moins, celle établie par Lozanov lui-même, à la fin de sa vie.

Telle qu'elle fut décrite dans un rapport de 1965, donc à ses débuts, une séance de suggestopédie consacrée à l'apprentissage des langues se divisait en deux parties: l'une active et l'autre passive. Pendant la période active, l'enseignant lisait des affirmations composées de mots ou de phrases dans une langue étrangère en indiquant leur traduction dans la langue d'origine de l'étudiant. Ces affirmations étaient prononcées trois fois et, chaque fois, avec une tonalité différente, c'est-à-dire à voix normale, à voix haute et à voix basse. L'étudiant écoutait attentivement l'enseignant tout en lisant les affirmations écrites sur une feuille.

Puis il se détendait et, d'une façon passive, sans se concentrer sur quoi que ce soit en particulier, il réécoutait les affirmations lues suivant les diverses tonalités en pratiquant la respiration synchronisée[2].

Au départ, la partie passive était accompagnée en sourdine de musique préclassique ou classique. C'est pourquoi la partie passive de l'exercice fut rapidement appelée le **concert passif**. Mais l'importance réelle que Lozanov portait alors à la musique demeure incertaine. Quant à la période active, elle se faisait sans musique et l'enseignant prenait soin, avec autant d'artifices que possible, d'énoncer les affirmations de façon théâtrale en jouant sur l'expression artistique: les mimiques et le langage gestuel.

Il semble qu'au tout début, les exercices de relaxation aient été largement inspirés des méthodes «yoguiques» qui s'appuient sur la respiration. Il n'est pas exclu de croire que Lozanov se soit inspiré du Raja Yoga, discipline qu'il avait étudiée longtemps auparavant.

Plus tard, au début des années 70, Lozanov abandonne la relaxation proprement dite. Selon lui, l'état de passivité induit par la musique était suffisant pour atteindre la concentration et la «psychorelaxation» requises. À partir de ce moment-là, les exercices de relaxation et de respiration ont été éliminés de la suggestopédie. Par conséquent, la musique a pris une importance plus marquée. La partie active de la séance suggestopédique est devenue le **concert actif**. Les affirmations étaient lues sur un fond de musique classique et l'enseignant se fondait en elle jusqu'à devenir lui-même, à toutes fins utiles, un élément de l'orchestration. Les affirmations étaient chantées, et l'enseignant tirait profit de chaque modulation et de chaque envolée pour rythmer son texte. Il va sans dire que cette partie exigeait de l'enseignant une grande préparation. Le **concert passif**, quant à lui, demeurait essentiellement le même, à cette différence près que Lozanov délaissa peu à peu la musique classique pour adopter la musique baroque; et tout en conservant les différentes tonalités de la voix, les affirmations n'étaient lues désormais qu'une seule fois en alternant ces tonalités avec chacun des énoncés. Puis, à la fin des années 70, le ton de la voix se nivelle.

À la fin des années 70, une séance de suggestopédie se déroulait alors de la façon suivante :

1. Préparation

L'enseignant présentait le contenu de la séance en essayant de créer un lien amical avec ses étudiants de façon à stimuler leur confiance en soi et leur désir d'apprendre. La relation établie, une atmosphère agréable s'en dégageait. Afin de motiver l'étudiant, on affichait également sur les murs de la classe le contenu de la séance en utilisant divers moyens d'expression: dessins, images, phrases-clés, etc.

2. Présentation

Le contenu de la séance se définissait par une courte histoire que l'enseignant lisait à ses étudiants dans la langue à apprendre en y indiquant la traduction dans la langue d'origine. L'étudiant pouvait suivre également sur une feuille qui présentait à la fois le texte dans la langue étrangère et la traduction. L'enseignant commençait toujours par résumer l'histoire afin de créer un contexte et lisait ensuite le texte en faisant les parallèles avec la traduction. Les étudiants pouvaient répéter les phrases s'ils le voulaient, mais ils n'y étaient pas tenus à cette étape-ci. Déjà l'enseignant accompagnait le texte de mimiques et de gestes. Le texte était ainsi travaillé jusqu'à ce qu'il devienne familier.

Une fois le texte vu en entier, on passait à la phase du concert actif. La pièce devait être bien éclairée et on demandait aux étudiants de s'asseoir aussi confortablement que possible. On faisait jouer une musique classique préférablement du répertoire romantique. Puis quand se terminait l'introduction, l'enseignant lisait le texte dans la langue étrangère en modulant sa voix de façon à suivre la musique comme s'il s'agissait d'un opéra. À ce moment, le texte n'était lu que dans la langue étrangère. Les étudiants suivaient en regardant soit le texte, soit l'enseignant, soit la traduction, selon les prescriptions et les besoins de la cause.

Puis après une courte pause qui se faisait en silence, les étudiants s'installaient de nouveau pour le concert passif. Cette fois-ci, la musique utilisée était celle de la période baroque. Le texte était relu avec une voix claire, forte mais calme, et l'enseignant prenait soin d'y ajouter la traduction. Aucune nouvelle information lexicale ou linguistique n'était diffusée pendant le concert passif. On encourageait néanmoins les étudiants à relire le texte le soir avant de se coucher.

3. Retour et élaboration

Le lendemain, le texte appris la veille était revu. Lozanov insistait particulièrement sur le fait qu'aucun travail d'élaboration ne devait être fait sur un texte la journée même de son apprentissage. En effet, il est préférable de toujours «dormir» sur une information nouvelle avant de l'approfondir. D'ailleurs, le concert passif se faisait souvent le lendemain du concert actif.

Ce retour sur le texte étudié et sur son élaboration se faisait sous forme de jeux, de sketches et de chansons. Les étudiants étaient invités à dialoguer autant que possible dans la langue étrangère. Le temps consacré à l'élaboration était environ deux fois plus long que celui consacré aux concerts.

À titre informatif, mentionnons qu'un cours suggestopédique normal, destiné à acquérir les règles de base d'une langue étrangère et un vocabulaire d'environ deux mille mots, requiert dix jours de travail, à raison d'environ six heures d'études par jour.

4. S.A.L.T.

C'est le Dr W. J. Bancroft de l'Université de Toronto qui a introduit la suggestopédie en Amérique vers la fin des années 70. Cela a mené à la fondation de la *Society for Accelerated Learning and*

Teaching (S.A.L.T.). Cette nouvelle école se distingue de la suggestopédie classique de Lozanov par l'utilisation de techniques de détente mentale et de visualisation, par la pratique de certains exercices respiratoires inspirés du yoga et, au début, par une pratique rigoureuse de la respiration synchronisée.

L'introduction de la respiration synchronisée s'est faite sur l'insistance du Dr Jane Bancroft qui y voyait l'élément-clé de l'approche de Lozanov. Toutefois, si Lozanov employait réellement la respiration synchronisée, il n'en parle clairement dans aucune de ses publications. Aux États-Unis et au Canada, bon nombre de chercheurs ont utilisé la respiration synchronisée, mais son apport réel pour augmenter la rétention et la mémoire demeure incertain. Mais qu'elle soit déterminante ou non, la respiration synchronisée a lentement été abandonnée à cause des contraintes qu'elle impose dans sa pratique. L'attention et le contrôle qu'exige la respiration synchronisée sont tels que, pour plusieurs personnes, cette méthode respiratoire devient davantage un élément de distraction.

De plus, la S.A.L.T. a introduit dans son approche les travaux d'Howard Gardner sur les différents styles d'intelligence ainsi que ceux de Jane Healy, de Rita Dunn et de Robert Sternberg sur cet aspect de la psychologie cognitive.

LE SURAPPRENTISSAGE

Une autre forme de la suggestopédie a également fait son apparition en Amérique au début des années 80. Cette approche, appelée *Superlearning*, a été développée par deux journalistes américaines ayant travaillé auprès de Lozanov: Sheila Ostrander et Lynn Schrœder.

Le surapprentissage est très près de la suggestopédie véhiculée par la S.A.L.T. avec l'utilisation de la relaxation, de la visualisation et de la respiration synchronisée. C'est d'ailleurs le surapprentissage qui met le plus l'accent sur la respiration synchronisée. À l'instar du Dr Bancroft, Ostrander et Schrœder considèrent la respiration synchronisée comme un élément-clé de l'apprentissage accéléré. À cet égard, elles conservent la méthodologie de Lozanov qui, selon le Dr Bancroft, utilisait le rythme de 2-4-2 avec une rétention de quatre secondes. Elles affirment cependant que, selon certaines recherches, le rythme 5-10-5, avec un temps de rétention de dix secondes, est le rythme favorisant le plus la rétention.

Mais ce qui distingue essentiellement le surapprentissage des autres versions de la suggestopédie, c'est l'absence d'enseignant. Le surapprentissage est en quelque sorte une «auto-utilisation» de la suggestopédie. Par conséquent, cette approche ignore tout de la relation enseignant-étudiant si primordiale dans l'approche suggestopédique de Lozanov. Le surapprentissage se résume en fait au concert passif pratiqué seul. On prépare le texte à mémoriser en affirmations de quatre secondes et on enregistre ces affirmations sur une bande magnétique qu'on écoute par la suite en état de profonde relaxation et en utilisant la respiration synchronisée. Bien que cette approche soit intéressante et qu'elle ait démontré sa valeur à bien des égards, il semble que ses auteurs n'en aient fait aucune expérimentation approfondie et que le surapprentissage ne soit, à la base, qu'une simple adaptation théorique de l'approche de Lozanov.

De ces différentes approches se dégagent donc certaines constantes dont l'utilisation de :

- la relaxation;
- la visualisation;
- la suggestion;
- une musique particulière;
- la respiration synchronisée ou, à tout le moins, de certains exercices respiratoires.

Comme mentionné précédemment, l'objectif du présent livre n'est pas de se limiter de façon dogmatique à une seule de ces approches, mais de considérer de façon éclectique tout ce qui pourrait concourir à favoriser l'apprentissage. Répétons-le, l'apprentissage est optimal lorsque le corps et l'esprit sont équilibrés et lorsque l'information à acquérir est abordée en tenant compte de la connaissance de certains principes concernant la neurologie et la psychologie de l'homme.

L'apprentissage accéléré est avant tout l'art de favoriser l'expression maximale du potentiel d'apprentissage de chaque personne. C'est un mariage de techniques, d'attitudes et de connaissances qui permet de comprendre et d'intégrer plus rapidement de nouvelles notions avec un taux de rétention supérieur.

Voyons à présent, de façon détaillée, les différents principes de l'apprentissage accéléré et comment ils se conjuguent pour constituer une approche simple et efficace tout en conservant leurs propriétés particulières.

Chapitre 2

AVANT TOUT, LA MISE AU POINT!

François a dix ans. Jusqu'à présent, son rendement académique avait été satisfaisant. Mais depuis le début de sa quatrième année scolaire, rien ne va plus. Ses notes ont baissé, il a de la difficulté à se concentrer, il parle sans cesse avec ses camarades de classe et profite de la moindre occasion pour se mettre le nez à la fenêtre. Au début de l'été, il a eu un accident de vélo. Il est tombé et s'est solidement frappé la tête sur le sol. Par chance, à part un bon mal de tête qui l'a assailli pendant quelques jours, il n'a rien eu de grave et la mésaventure a été vite oubliée.

Sébastien, lui, est connu pour être hyperactif. Il ne peut tenir en place bien longtemps et sautille sans arrêt. Lorsqu'il est assis, il ne cesse de bouger, de balancer sa chaise ou de taper du pied. S'il fait un effort pour se concentrer, il s'écrase sur son pupitre comme un pantin désarticulé. Ses parents craignent que, plus tard, il ne joigne les rangs des décrocheurs.

Annie, pour sa part, connaît un sort semblable à celui de François. Sans être une première de classe, elle a toujours su maintenir ses notes dans la moyenne. Mais depuis quelques mois, ses résultats sont à la baisse en dépit de tous les efforts que font ses parents pour l'aider et la motiver. Annie a été vue par un orthodontiste et porte des prothèses dentaires depuis environ un an. En fait, ses problèmes scolaires sont survenus quelque temps seulement après le début de son traitement d'orthodontie.

Julie cause également bien des soucis à ses parents, car elle éprouve certaines difficultés scolaires. Après avoir décelé un trouble léger de myopie et lui avoir prescrit des verres correcteurs, on pensait le problème réglé. Mais bien qu'elle soit plus attentive en classe, son rendement ne reflète visiblement pas tout son potentiel. Ses parents s'inquiètent, entre autres, du fait que depuis qu'elle porte des lunettes, son professeur a remarqué qu'elle parle davantage en classe.

Qu'est-ce que François, Sébastien, Annie et Julie ont en commun? Des troubles d'oculomotricité et de posture.

***

Lorsque vous décidez d'entreprendre un long voyage en voiture, que faites-vous (ou, du moins, que devriez-vous faire) avant de partir? La mise au point de votre automobile, bien entendu. Vous vous assurez que le garagiste vérifie l'état du moteur, de la suspension ainsi que le parallélisme et l'équilibrage des roues.

De même, avant de parcourir la route qui nous fera découvrir ensemble comment apprendre, il importe de nous arrêter sur certains éléments essentiels à l'apprentissage: l'oculomotricité et la posture. En effet, aucune méthode d'apprentissage, quelle qu'elle soit, ne pourra nous être profitable si l'organe par lequel nous allons chercher l'information (le corps, les yeux, les oreilles) ne nous permet pas de bien travailler. De prime abord, cela peut vous paraître étrange, mais vous comprendrez vite que si vous éprouvez des problèmes d'oculomotricité ou de posture, vous aurez de la difficulté à apprendre et ce, peu importe la technique d'apprentissage utilisée.

Premièrement, qu'est-ce que l'**oculomotricité**?

C'est le mouvement des yeux. On appelle appareil oculomoteur l'ensemble des muscles jouant un rôle dans le mouvement des yeux.

Si vous souffrez d'une infection aux yeux, d'une conjonctivite par exemple, ou d'un décollement de la rétine, vous rendrez probablement visite à un ophtalmologiste. Si vous avez un problème de myopie, d'hypermétropie ou d'astigmatisme, vous consulterez un opticien. Si aucun de ces problèmes ne vous incommode, mais que néanmoins la lecture vous fatigue, que vous ne pouvez regarder longtemps la télévision sans vous écraser littéralement dans votre fauteuil ou encore qu'à votre grande désolation, vous vous heurtez souvent aux cadres de portes et trébuchez sur les dernières marches de l'escalier, vous avez peut-être un trouble de la convergence ou un trouble d'hétérophorie. À moins que vous ne le demandiez, ni votre ophtalmologiste ni votre optométriste ne vous le dira. Ils pourront déceler le problème, mais les conséquences sur le reste du corps et, par le fait même, sur les facultés mentales, demeurent peu connues.

Les troubles de la convergence et d'hétérophorie font partie des troubles d'oculomotricité. Cela signifie que les yeux ne bougent pas en harmonie, de façon ordonnée, dans l'orbite oculaire. C'est un peu comme une voiture dont les roues seraient mal équilibrées ou non parallèles ou encore dont une roue serait mal boulonnée: vous ne pourriez parcourir une longue distance sans éprouver de la fatigue ou, pis encore, sans risquer d'avoir un accident.

La convergence se définit par le mouvement horizontal des yeux qui permet de poser le regard de près sur un objet en particulier. Tenez un crayon à bout de bras devant vous, à une distance d'environ 30 cm, fixez-en la pointe et rapprochez-le lentement de votre nez. Vos yeux convergeront automatiquement vers la racine du nez: il s'agit de la **convergence oculaire**.

Si vous souffrez d'un trouble de convergence oculaire, vous aurez de la difficulté à lire ou vous vous fatiguerez vite. Vous vous lasserez rapidement d'écouter un professeur ou un conférencier si vous devez regarder tour à tour au tableau et sur votre table de travail, tout en jetant un coup d'œil sur le professeur. Instinctivement, vous aurez tendance à vous installer bien au fond de la salle de cours pour reposer vos yeux. Si par malheur vous vous retrouvez assis à la première rangée, il est fort à parier que vous lorgnerez de temps à autre du côté de la fenêtre!

Par ailleurs, si vos yeux ne sont pas centrés, vous éprouverez des troubles d'**hétérophorie** qui se traduisent par la manifestation suivante: lorsque vous fixez un point, l'un de vos yeux regarde juste en-dessous ou au-dessus ou encore juste à gauche ou à droite de ce point. En fait, ce sont davantage les hauteurs qui sont à craindre, lorsqu'un œil fixe juste en-dessous ou au-dessus de l'autre. Dans ce cas, lorsque vous regardez la télévision ou un professeur, vous devez pencher la tête afin de voir sans vous

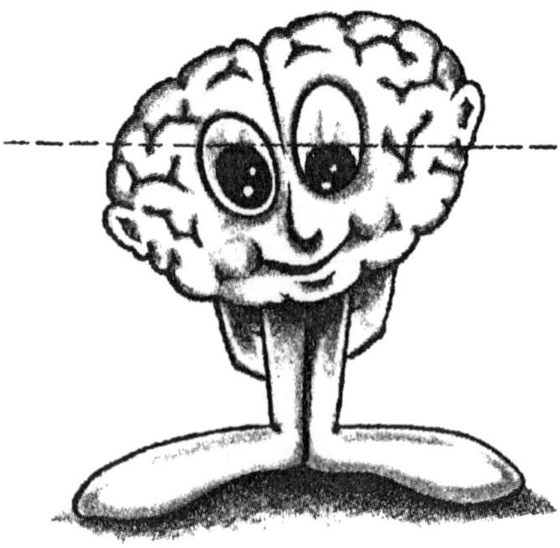

fatiguer, ce qui vous amène à poser le coude et à appuyer la main sur la tête de façon à la soutenir. En moins de deux minutes, vous vous retrouvez étalé de tout votre long sur la table. Au cinéma, ce sera pire. Vous aurez tendance à vous écraser dans le fauteuil en inclinant la tête vers l'arrière, bien appuyée sur le dossier. À la hâte, il vous arrivera souvent de rater la poignée de porte, de vous accrocher au cadre ou de manquer une marche dans un escalier.

Les problèmes d'hétérophorie, et encore une fois davantage les hauteurs, peuvent constituer un sérieux handicap. Lorsque les deux yeux ne fixent pas exactement le même endroit, le cerveau se voit parfois dans l'obligation d'annuler l'image qui provient de l'un des yeux afin d'éviter toute ambiguïté. C'est en effet une adaptation du cerveau qui permet à la personne de ne pas être constamment embêtée par une vision floue, double ou confuse. Par exemple, si vous éprouvez un trouble d'hétérophorie lorsque vous lisez, un œil verra une ligne tandis que l'autre se promènera entre les lignes, voire sur la ligne au-dessus. Imaginez la confusion du message que reçoit le cerveau! Pour rétablir la clarté du message, le cerveau doit annuler l'image venant de l'un des yeux. La lecture deviendra ardue et difficile, provoquera des maux de tête et fatiguera la vue. Un adulte fermera son livre et ouvrira le téléviseur. En classe, un enfant se tournera vers son voisin et deviendra, du point de vue de l'enseignant, bavard et indiscipliné.

Il arrive parfois que le cerveau favorise un œil et «condamne» l'autre jusqu'à perdre, parfois, la vision binoculaire. Dans ce cas, vous aurez une très mauvaise coordination œil-main; vous éviterez de sortir par peur des foules, car votre vision ne vous permettra pas de bien percevoir votre environnement immédiat.

Mais qu'est-ce qui provoque ou entraîne des troubles d'oculomotricité?

Un coup sur la tête (comme celui qu'a reçu François) ou une chute violente sur le coccyx peut entraîner des troubles d'oculomotricité. Une primo-infection comme la varicelle, la rubéole ou la tuberculose, l'hépatite, surtout de type B, ou un syndrome méningé, qui n'aboutira pas forcément à une méningite, constituent également des causes pouvant provoquer des troubles d'oculomotricité. En fait, c'est surtout la prise de médicaments associés à ces maladies qui dérègle l'appareil oculomoteur. La consommation de médicaments antidépresseurs comme les tricycliques engendrent à coup sûr des troubles de la convergence. Le port de prothèses d'orthodontie (comme ceux que porte Annie) provoque, dans la majorité des cas, des faiblesses de convergence ayant pour conséquence une incidence quatre fois plus grande sur la scoliose.

Des verres mal centrés (comme ceux que porte Julie) pourront également engendrer des troubles d'hétérophorie. Des problèmes reliés aux pieds (comme ceux qu'éprouve Sébastien) tels que des pieds versés, des pieds plats ou des pieds creux, pourront également entraîner des troubles d'hétérophorie. Mais comment évaluer si vous ou votre enfant avez des troubles d'oculomotricité? Surtout, comment les corriger?

LES TROUBLES DE CONVERGENCE

Si vous voulez savoir si vos yeux convergent bien, vous devez demander à quelqu'un de vous faire le test suivant: prenez un crayon et tenez-le à environ 30 centimètres de vos yeux, tout en en fixant la pointe. Rapprochez lentement le crayon jusqu'à environ 1 centimètre de la racine du nez, entre les deux yeux. Si votre accompagnateur ne voit pas vos yeux bouger parallèlement vers le centre ou si vous êtes incapable de fixer la pointe du crayon pendant au moins 5 secondes, c'est que vous avez un trouble de convergence. Dans un cas de parfaite convergence, la personne qui vous observe ne verra plus le blanc des yeux entre l'iris et la racine du nez.

Puis, en maintenant toujours le crayon à la racine du nez, regarder au loin, puis fixer le crayon. Regarder à nouveau au loin, puis ramener encore les yeux vers le crayon, et ainsi de suite. C'est le test «loin-près». Les yeux doivent converger parallèlement.

Les problèmes rencontrés le plus fréquemment lors de ce test sont les suivants: a) un œil a tendance à relâcher et à revenir vers le centre; b) les deux yeux ont tendance à revenir vers le centre; c) un œil oscille dans un mouvement de va-et-vient; d) un œil demeure immobile, bien centré, tandis que l'autre converge normalement; e) ou encore, dans les cas sérieux, les yeux demeurent bien centrés, immobiles, sans qu'il y ait convergence. Vous verrez alors deux crayons. On parle ici de trouble d'hypoconvergence; l'œil ayant la déficience est dit **hypoconvergent.**

Le plus souvent, de légères hypoconvergences n'auront pas d'incidence bien qu'elles puissent être la cause de certains troubles de la posture et donc de certaines migraines, par exemple. Mais dès qu'un œil ne peut maintenir la fixation à la racine du nez plus de quelques secondes, dites-vous que vous venez peut-être de mettre le doigt sur la cause d'une série de problèmes éventuels allant des troubles de lecture et de concentration aux maux de dos ou aux redoutables «sciatiques», passant par les migraines chroniques ou les névralgies. Si rien n'est fait pour corriger ces troubles de convergence, ils demeureront ainsi à jamais. Pourtant, de simples exercices de rééducation visuelle effectués pendant quelques semaines suffisent, dans la plupart des cas, à régler ce problème.

Exercices

Les exercices doivent être faits dans l'ordre présenté. Vous ne passerez au suivant qu'après avoir maîtrisé le précédent et ce, même si vous deviez y passer plusieurs semaines. Idéalement, chaque séance devrait durer de trois à cinq minutes et être répétée deux fois par jour.

Exercice 1

Prenez un crayon, tenez-le à environ 30 cm de vos yeux et fixez-en la pointe. Rapprochez-le tranquillement de la racine de votre nez dans un mouvement circulaire. Aussitôt que votre vision s'embrouille ou que vous voyez deux crayons, revenez au point de départ. L'exercice est réussi lorsque vous pouvez suivre le crayon jusqu'à la racine de votre nez sans que la pointe ne se dédouble.

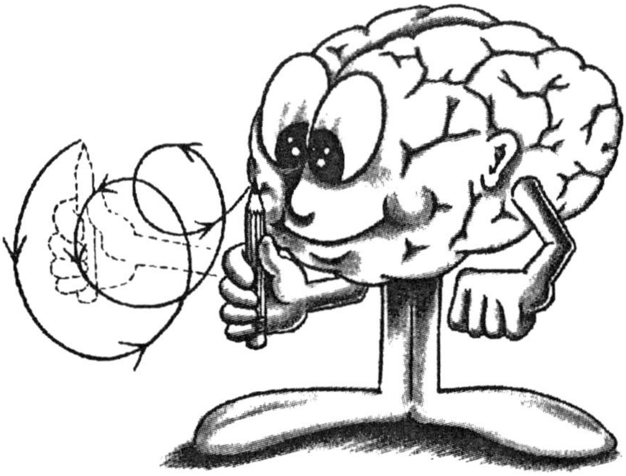

À la fin de chaque exercice, prenez soin de reposer vos yeux en jetant un coup d'œil par la fenêtre, au loin, afin de faire travailler les yeux en divergence.

Exercice 2

En vous assurant de garder la tête bien droite, prenez un crayon et tenez-le à environ 30 cm de vos yeux, du côté de l'œil hypoconvergent. Puis rapprochez-le lentement vers l'œil sain dans un mouvement rectiligne. Si vous effectuez bien le mouvement, l'œil sain restera immobile tandis que l'œil hypoconvergent se promènera d'une extrémité à l'autre de l'orbite.

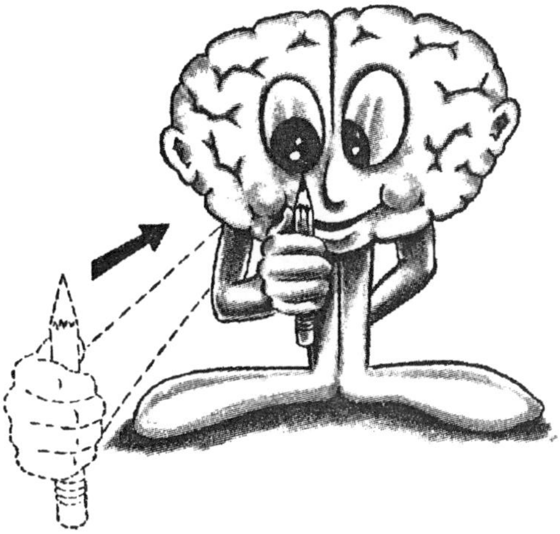

Exercice 3

Placez un doigt sur le bout de votre nez et fixez-le. Tout en fixant votre doigt, glissez-le le long du nez pour l'amener entre les deux sourcils, puis refaites le mouvement en sens inverse en ramenant le doigt sur le bout du nez. Encore une fois, l'exercice est réussi quand le doigt peut être suivi sans qu'il y ait dédoublement de l'image.

Exercice 4

Fabriquez-vous une plaquette de carton sur laquelle vous dessinerez des lignes et des ronds, au recto et au verso. Assurez-vous que ces lignes et ces ronds (voir modèle page 29) correspondent parfaitement de chaque côté de la feuille. Afin de faciliter l'exercice, vous pouvez colorer les ronds en alternant deux couleurs. Placez la plaquette à la verticale en appuyant l'arête la plus courte sur la racine de votre nez. Puis, faites converger les yeux en passant d'un point à l'autre en prenant soin de bien fixer chaque point.

LES PROBLÈMES D'HÉTÉROPHORIE

Reprenez la plaquette de l'exercice 4 et replacez-la sur la racine de votre nez. Si vous ne percevez pas les lignes à la même hauteur, vous souffrez d'un problème d'hétérophorie. Pour corriger un tel problème, faites cet exercice tous les jours pendant 3 à 5 minutes.

Exercice 5

Tendez les bras devant vous, soulevez les pouces et placez-les à environ 5 cm de distance l'un de l'autre. Portez votre regard au loin, derrière vos pouces, comme si vous étiez dans la lune. Vous apercevrez alors, dans votre champ de vision, quatre pouces. Rapprochez maintenant vos pouces à environ 2 cm l'un de l'autre jusqu'à ce que les deux pouces que vous apercevez au centre soient parfaitement superposés et que vous n'en voyiez plus que trois. Le pouce du centre vous apparaîtra alors comme en trois dimensions. Rapprochez ensuite vos pouces de votre nez en fixant bien celui en trois dimensions que vous apercevez au centre. Si vous êtes incapable de faire cet exercice, il serait sans doute profitable de consulter un posturologue qui connaît bien ce problème[1]. Par ailleurs, si vous portez des lunettes, vous devez vérifier qu'elles soient bien centrées afin de ne pas nuire à la rééducation visuelle et engendrer à nouveau des problèmes d'hétérophorie.

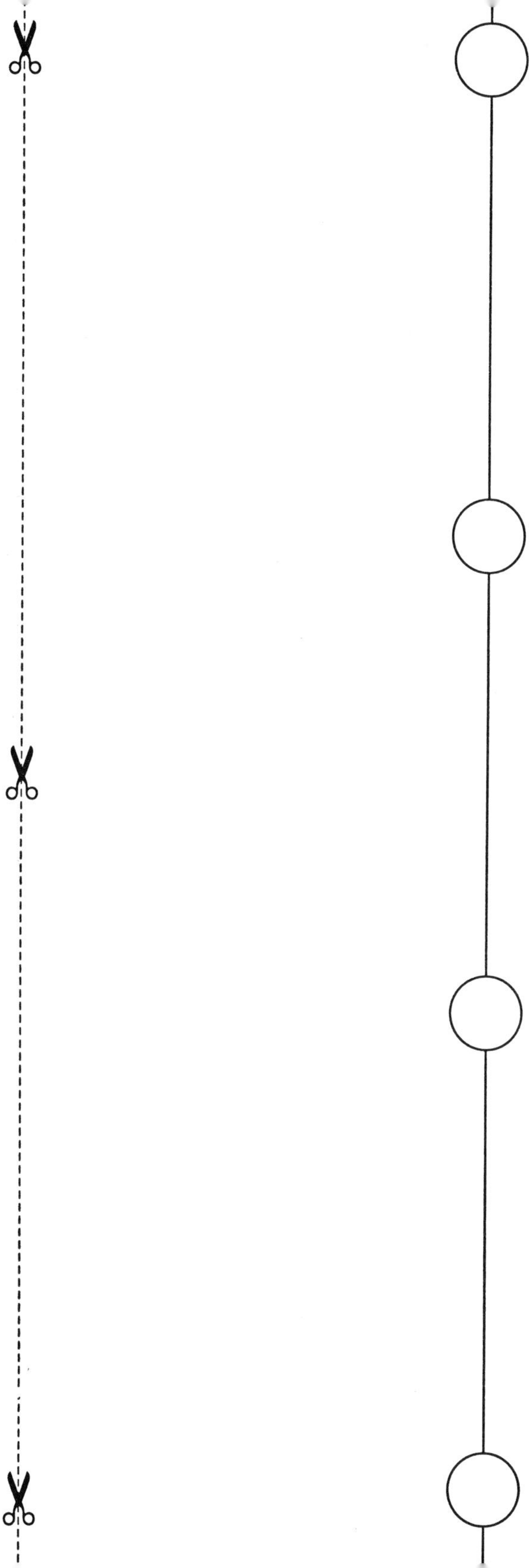

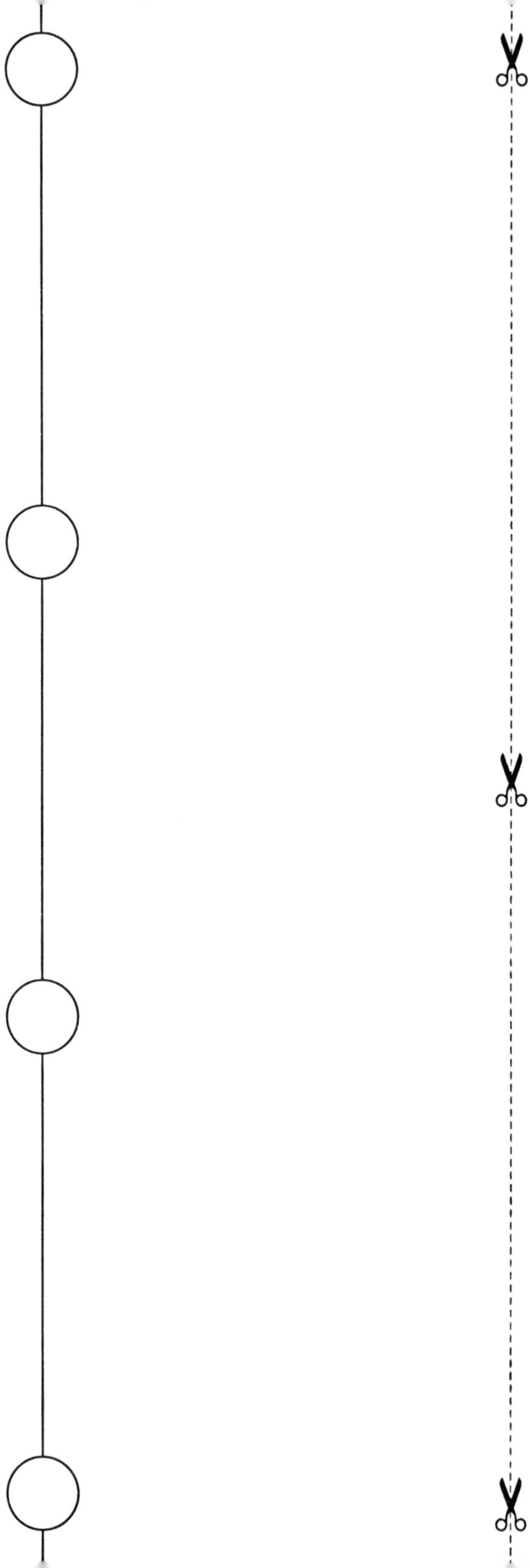

Pour effectuer cet exercice, repérez une verticale sur un mur, par exemple un coin ou le bord d'une fenêtre ou d'une porte. Retirez vos lunettes, tenez-les à l'horizontale à environ 20 cm de vos yeux. Fixez la verticale que vous avez repérée à travers l'un des verres en le plaçant de façon à ce que la verticale soit continue sur le verre et hors de celui-ci. Tracez alors cette verticale **sur le verre** à l'aide d'un crayon feutre **délébile**. Faites de même sur l'autre verre. Puis tournez vos lunettes à la verticale, de façon perpendiculaire à la position précédente, et refaites la même chose.

Après avoir exécuté cet exercice, vous vous retrouverez avec une croix dans chacun de vos verres. Remettez vos lunettes et regardez-vous dans le miroir. Si le centre de chacune des croix n'arrive pas au milieu de vos pupilles, vos verres ne sont pas centrés. Si le centre de chacune des croix arrive en dessous ou au-dessus des pupilles, voyez à manipuler la monture de vos lunettes de manière à relever ou à abaisser les verres sur votre nez. Si vous ne pouvez centrer ces croix au milieu de vos pupilles, retournez voir votre opticien et demandez-lui de vérifier vos verres, car il est possible qu'il soit nécessaire de les refaire.

LES TROUBLES DE POSTURE

Avant tout, il importe de savoir qu'en dépit de l'indépendance apparente de l'appareil oculomoteur et du système tonique postural, il existe un lien très étroit entre l'œil et la posture[2]. Celui qui a dit «bon pied bon œil» ne savait peut-être pas jusqu'à quel point il disait vrai. Mais il n'est pas utile pour nos besoins d'entrer dans ces détails. Mentionnons simplement que les troubles d'oculomotricité peuvent engendrer très souvent des troubles de posture, des maux de dos, des douleurs articulaires, des névralgies et même des problèmes aux pieds.

Qu'arrive-t-il lorsqu'un trouble de convergence ou d'hétérophorie entraîne un trouble de posture ou un trouble aux pieds? Ou bien lorsque, indépendamment des yeux, un problème aux pieds existe?

Premièrement, la personne éprouvera un certain inconfort à demeurer longtemps debout. S'il s'agit d'un enfant, il marchera sur le bout des pieds, courra sans cesse ou demandera constamment qu'on le porte. Deuxièmement, des pieds versés, plats ou creux entraînent souvent des maux de dos. La personne aux prises avec ce type de problèmes sera souvent mal à l'aise dans la position assise. S'il s'agit d'un enfant, il bougera sans cesse sur sa chaise ou s'y balancera, tapera du pied ou s'écrasera littéralement sur son bureau. Inutile de dire que ses résultats scolaires en seront affectés. Si l'enfant est éveillé et intellectuellement dégourdi, il pourrait très bien être considéré comme hyperactif; pourtant le problème ne réside qu'en un pied faible ou subnormal.

Si vous soupçonnez un trouble de posture chez vous ou votre enfant, il serait bon de consulter un posturologue.

La posture que vous adoptez en position assise, pour lire par exemple, a une répercussion énorme sur votre concentration et votre attention. À l'aide de simples tests kinésiologiques, il est très facile de démontrer que toute position autre que celle du dos droit, de la tête droite, des pieds bien à plat au sol et du bassin bien en équilibre sur la chaise diminue notre capacité de concentration et d'attention.

Si, par exemple, vous vous installez pour faire de la lecture rapide, comme nous le verrons plus loin, et que vous n'êtes pas assis correctement, vous ne pourrez tout simplement pas arriver à vos fins. Si vous essayez de comprendre une quelconque notion complexe, en philosophie ou en science par exemple, une bonne posture pourra faire toute la différence entre le «Ah! Je n'y arriverai jamais!» et le «Ah! Oui, maintenant je comprends!».

Comment s'asseoir?

Très simple. Si vous avez déjà vu une radiographie d'un bassin, vous avez pu constater que sa forme rappelle celle d'un bol. Alors, imaginez le bassin comme un bol rempli d'eau. Asseyez-vous sur une chaise le dos droit, les pieds bien à plat, et faites pivoter le bassin lentement vers l'avant comme si vous vouliez y déverser un peu d'eau. Puis, faites de même en pivotant lentement vers l'arrière. Observez bien les tensions qui peuvent surgir ou se résorber dans le dos ainsi que les malaises qui peuvent apparaître ou disparaître[3]. Faites lentement ce va-et-vient à quelques reprises et vous trouverez bientôt la position idéale du bassin qui permet de libérer et de détendre au maximum la musculature du dos. Vous serez alors dans une position de parfait équilibre. Cette position vous permettra d'avoir une bonne concentration soutenue.

Si le fait de maintenir cette posture assise entraîne des malaises ou des douleurs au dos, une fatigue ou une lassitude, ou si le moindre bruit vous déconcentre, sans doute avez-vous un dérèglement quelconque du système tonique postural. Vous ne vous direz pas «Oh! J'ai une tension dans mon muscle *latissimus dorsi* qui entraîne un déplacement de ma 10e vertèbre, ce qui me déconcentre!». Vous serez tout simplement mal à l'aise et sauterez inconsciemment sur n'importe quel prétexte (un bruit, un coup de téléphone à donner, les déchets qu'on a oublié de sortir, etc.)

pour quitter votre chaise. Une fois encore, il serait bon que vous consultiez un posturologue.

Voyons maintenant le dernier point sur lequel j'aimerais m'arrêter et qui vous surprendra sans doute: le polymétalisme et les amalgames.

LE POLYMÉTALISME ET LES AMALGAMES

Que sont le polymétalisme et les amalgames, et que viennent-ils faire dans l'apprentissage?

Le polymétalisme est la présence de plusieurs métaux sur ou à l'intérieur du corps. Lorsque deux métaux différents baignent dans une même solution salée ou lorsque le milieu qui les sépare ou celui dans lequel ils se trouvent est conducteur, un courant électrique se crée. On nomme ce phénomène **microgalvanisme**. Or les faibles courants électriques ainsi engendrés perturbent le système nerveux et l'activité électrique du corps.

Un microgalvanisme peut, par exemple, exister dans la bouche entre un plombage et une couronne, entre un plombage et une boucle d'oreille, entre deux plombages ou bien entre un plombage et une plaque de métal (posée à la suite d'une fracture). Les symptômes les plus courants reliés au polymétalisme sont les fatigues chroniques, les troubles de concentration, l'insomnie, les problèmes de sécrétion abondante de salive ou de larmes et, parfois même, la dépression. Si vous avez parfois un goût de métal dans la bouche, si vos gencives ont tendance à être bleutées ou grisâtres ou si vous avez des sensations de courants électriques dans la bouche, peut-être serait-il bon de consulter un dentiste sensibilisé à ces réalités. Il est très possible qu'une telle présence de plusieurs métaux n'occasionne chez vous aucun problème. Mais si vous souffrez d'un quelconque malaise — trouble de concentration ou fatigue — pour lequel vous n'arrivez pas à trouver de remède, le polymétalisme vaut sans doute la peine d'être pris en considération.

Les amalgames, quant à eux, mieux connus sous le nom de «plombages» bien qu'ils ne contiennent pas de plomb, sont utilisés pour les obturations dentaires. En réalité, ils contiennent du mercure. Or, on le sait depuis la tragédie de Myamita, le mercure est bien connu pour ces effets dévastateurs sur le système nerveux. Vers les années 60, à Myamita au Japon, une compagnie avait déversé des quantités de mercure dans la mer et les habitants avaient consommé le poisson provenant de ces eaux. Quelque temps après, on vit apparaître différents problèmes allant des simples vertiges à la mort, en passant par des malformations congénitales et des dégénérescences du système nerveux. Ces mêmes problèmes ont été observés chez certains peuples inuits qui consomment beaucoup de poissons provenant d'eaux intoxiquées au mercure.

Peut-être ignorez-vous que le dentiste évite impérativement tout contact de l'amalgame avec la peau avant de vous l'introduire dans la bouche ou de vous le retirer? D'ailleurs, une loi fédérale considère tout débris d'amalgame comme déchet toxique.

Dans la bouche, les plombages laissent échapper des vapeurs mercurielles qui peuvent être mesurées. Ces vapeurs intoxiquent l'organisme qui élimine difficilement le mercure. En fait, certains rapports fédéraux en toxicologie considèrent toute dose de mercure, aussi infime soit-elle, comme toxique et susceptible de provoquer l'**hydrargyrisme**.

Tout comme le polymétalisme, les intoxications au mercure attaquent le système nerveux et engendrent des problèmes allant des troubles de concentration à la fatigue chronique et même, selon certains chercheurs, à la sclérose en plaque.

Notre objectif n'est pas d'aborder ici ces sujets d'un point de vue médical. Cependant, si vous souffrez de fatigue chronique ou de troubles de concentration, vous aurez inévitablement des difficultés à étudier ou à apprendre quoi que ce soit. Si vous n'arrivez pas à mettre le doigt sur la cause de ces troubles, dites-vous bien que l'étiologie pourrait peut-être résider dans un problème de microgalvanisme ou d'intoxication au mercure. Consultez alors un dentiste averti.

La mise au point étant faite, nous voilà maintenant prêts à attaquer l'apprentissage en tant que tel.

Chapitre 3

EH! LE GAUCHE... ICI LE DROIT!

Sans doute savez-vous que, du point de vue de l'anatomie générale, le cerveau est composé de deux moitiés en apparence symétriques. Toutefois, nous savons depuis les travaux de Broca et de Wernicke que certaines fonctions cérébrales sont propres à un hémisphère en particulier.

Prenons quelques exemples. Les aires cérébrales responsables de la compréhension du langage et de l'expression verbale sont toutes deux situées dans l'hémisphère gauche, plus précisément dans la région temporale, un peu au-dessus de l'oreille. Plus évident encore, le simple fait qu'il y ait des personnes droitières et d'autres gauchères, ou que nous soyons plus habile avec une latéralité en particulier, démontre une certaine asymétrie du système nerveux central.

Les accidents cérébrovasculaires soulignent également cette réalité. L'anatomie des artères quittant le cœur est telle que tout caillot de sang passant à travers le cœur risque fort de se retrouver dans la circulation cérébrale de l'hémisphère gauche. Bloquant la circulation, ce caillot provoque une hypoxie (ischémie) de la région temporale gauche qui entraîne une paralysie du côté droit du visage ou du bras droit, ainsi qu'une aphasie des muscles responsables de la phonation et de la prononciation.

Robert Ornstein a été l'un des premiers à pousser plus à fond les recherches dans ce domaine. Avec un groupe d'étudiants, il a entrepris d'observer, à l'aide de l'électroencéphalogramme, comment se comporte le cerveau pendant diverses activités dans lesquelles un individu est engagé. Par exemple, il a observé que lorsqu'un individu est engagé dans une activité comme le calcul mental, la verbalisation d'une idée, le développement d'une pensée rationnelle, l'écriture, l'analyse ou l'écoute active, c'est le cerveau gauche qui est principalement actif. Par ailleurs, lorsqu'une personne est engagée dans une activité impliquant l'imagination, la visualisation, les couleurs, le rythme ou la musique, c'est l'hémisphère droit qui est le plus actif.

Ainsi, l'hémisphère gauche est le cerveau des nombres, des séquences, de la verbalisation d'un point de vue sémantique, de l'abstraction, du rationnel, de la logique, des détails et de l'ordre au sens mathématique. L'hémisphère droit, quant à lui, est celui de la créativité, du rythme, des formes et des couleurs. Il a aussi sa logique, mais celle-ci est métaphorique, analogique, imagée et spatiale.

Lorsque nous écoutons une chanson, l'hémisphère gauche entend et analyse les paroles, le sens des phrases, la syntaxe et la signification du message tandis que l'hémisphère droit s'attarde au rythme de la musique et des mots, aux rimes, à la poésie, aux images suscitées et à la mélodie.

Lorsque vous entrez dans une maison, le cerveau gauche est sensible à la division des pièces, à l'agencement pratique du mobilier et à l'aspect fonctionnel et technique de l'architecture. Le cerveau droit s'attarde aux formes, aux couleurs, à l'harmonie du mobilier et à l'atmosphère en général.

Cette description des différences fonctionnelles entre les hémisphères gauche et droit est fort intéressante, mais ce qui retient davantage l'attention dans les travaux d'Ornstein est la démonstration que toute activité s'accomplit avec beaucoup plus de facilité et d'habileté lorsque les deux hémisphères sont simultanément sollicités. Néanmoins, c'est à Roger Sperry que l'on doit d'avoir exhaustivement décrit les différences fonctionnelles entre les deux hémisphères. Roger Sperry a eu l'occasion de travailler avec des patients ayant subi une commissurotomie dans le but de maîtriser leur état épileptique. La commissurotomie est la section du corps calleux responsable de la communication et de l'échange de renseignements entre les deux hémisphères. Une fois le corps calleux sectionné, les deux hémisphères se retrouvent isolés et indépendants mettant en évidence leur rôle respectif. Sperry observa les mêmes différences qu'Ornstein:

> *Le thème principal qui émerge, dit-il, est qu'il semble exister deux modes de pensée, l'un verbal et l'autre non-verbal, représentés assez distinctement dans les hémisphères gauche et droit respectivement [...]. Les données montrent que l'hémisphère dominé, muet (droit), est spécialisé pour la perception Gestalt, opérant principalement de manière synthétique sur les informations données. L'hémisphère dominant qui parle (gauche) semble, au contraire, fonctionner de manière plus logique, analytique, à la façon d'un ordinateur. Son langage est inadéquat pour les synthèses rapides et complexes que réalise l'hémisphère dominé.*

À cet effet, deux expériences s'avèrent particulièrement intéressantes à rapporter. Mais avant, quelques notions doivent être bien comprises.

Nous savons, d'une part, que l'aire cérébrale consacrée à la parole est située dans l'hémisphère gauche. D'autre part, nous savons que, d'un point de vue musculaire, toute information qu'envoie le cerveau est inversée de sorte que le cerveau gauche commande à la partie droite du corps et le cerveau droit à sa partie gauche. Ces voies nerveuses se croisent sous le corps calleux et ne sont donc pas affectées par une de ces sections. Et finalement, nous savons que le nerf optique se croise au niveau du corps calleux, mais envoie également au cerveau une partie de ses informations de façon ipsilatérale, c'est-à-dire sans inversion.

Dans la première de ces expériences, un patient commissurotomisé est placé devant une table sur laquelle se trouve un écran placé devant ses yeux, divisant ainsi en deux son champ visuel. Sa main gauche est placée dans un tiroir sous la table de façon à ce qu'elle lui soit invisible. À sa droite, sur la table et donc accessible visuellement par son hémisphère droit, se trouve un couteau. À sa gauche, accessible visuellement par son hémisphère gauche, se trouve une cuillère. Dans le tiroir, à sa gauche, à portée de main mais inaccessible visuellement, se trouve plusieurs objets dont un couteau et une cuillère.

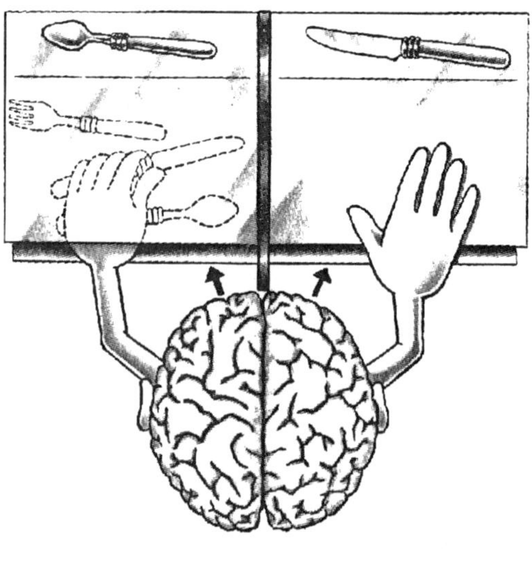

Si, dans un tel protocole, on demande au patient de dire ce qu'il voit, il dira «une cuillère», car c'est l'information que possède son hémisphère gauche responsable de la verbalisation. Mais si on lui demande de prendre cet objet (la cuillère) avec sa main gauche, alors il devient confus et prend le couteau, car c'est l'information que possède visuellement son hémisphère droit responsable du mouvement de la main gauche. Le patient sait qu'il commet une erreur, mais il ne peut faire autrement que prendre le couteau.

Dans la seconde expérience, on demande à un patient commissurotomisé de dessiner une forme particulière avec sa main droite. On sait que la main droite est reliée à l'hémisphère gauche qui est peu ou moins habile à manier les formes et l'espace. Alors, pendant qu'il exécute son dessin, il se produit cette chose tout à fait inattendue: sa main gauche tente d'enlever le crayon de sa main droite pour faire elle-même le dessin. Le patient doit s'asseoir sur sa main gauche pour laisser travailler sa main droite. Quand, finalement, il prend le crayon avec sa main gauche, le dessin est exécuté avec beaucoup plus d'habileté. Aujourd'hui, les différences de latéralité ont été davantage mises en évidence par l'avènement du scanner.

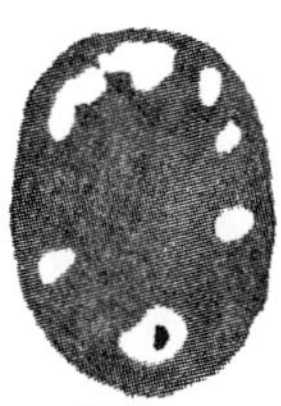

Repos

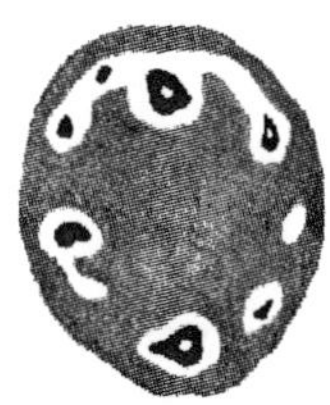

Réflexion

Musique

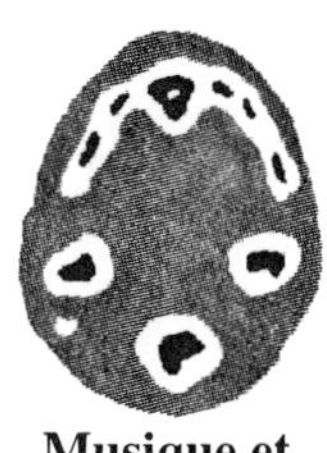

Musique et réflexion

Si on demande à une personne de lire, de calculer mentalement, de réfléchir sur un sujet quelconque ou de verbaliser une idée, on observe que le cerveau fonctionne de façon asymétrique avec une activité accrue de l'hémisphère gauche. Inversement, le fait d'écouter de la musique, de visualiser un paysage, de faire des rimes ou de jouer avec le rythme des mots engendre une asymétrie qui s'observe par une augmentation de l'activité de l'hémisphère droit.

Une différence dans le flux sanguin au niveau cérébral a même été observée entre des étudiants en langue et en architecture. Chez les étudiants en langue, le flux sanguin était légèrement supérieur dans l'hémisphère gauche tandis que, chez les étudiants en architecture, la différence de flux était en faveur de l'hémisphère droit.

Quelle conclusion peut-on tirer de ces différences entre les deux hémisphères cérébraux? En quoi ces éléments peuvent-ils nous aider à favoriser l'apprentissage?

Premièrement, il importe de constater que le système d'éducation actuel, de même que la façon traditionnelle de communiquer et d'enseigner, repose sur l'écriture, l'écoute, la lecture — bref, le langage verbal — et l'arithmétique. On ne peut guère y échapper et il n'y a rien à y reprocher en soi. Mais cet état de fait entraîne l'inévitable conséquence que les gens ayant une dominance cérébrale gauche, c'est-à-dire ceux ayant une plus grande facilité à manier les chiffres, les mots et le langage, sont grandement favorisés. De façon générale, il s'ensuit que ceux que l'on retrouve aux postes importants de l'engrenage social sont majoritairement des individus ayant une dominance cérébrale gauche. Par conséquent, ces derniers dirigent inévitablement les rennes du pouvoir de manière à favoriser l'essor de ceux qui partagent leur dominance. Non pas par solidarité, mais tout simplement parce que nous avons tous tendance à reproduire ou à façonner le monde selon notre façon de le percevoir.

Comme le dit Roger W. Sperry: *[...] notre système d'enseignement, comme la science en général, tend à négliger la forme non verbale de l'intellect. Ceci revient à dire que la société exerce une discrimination à l'égard de l'hémisphère droit.*

Il y a de grands avantages à revaloriser le rôle de l'hémisphère droit dans notre système d'enseignement et dans la science actuelle. Nombre de personnes ayant une dominance cérébrale droite et qui, pour cette raison, évolue difficilement dans notre système scolaire et dans la société en général, trouverait dans cette réhabilitation de l'hémisphère droit un terrain sur lequel évoluer intellectuellement. Mais il importe surtout de prendre conscience que la nature même de cet hémisphère droit est essentielle à la compréhension de certaines notions inhérentes à la réalité humaine. Par exemple, c'est en s'appuyant sur sa pensée symbolique, métaphorique et imagée, et non sur une table de calcul, qu'Einstein a établi sa théorie de la relativité. Étendu dans l'herbe un jour ensoleillé, il s'est projeté mentalement dans le firmament, le long d'un rayon de soleil, et s'est demandé comment ce serait de voyager ainsi dans l'espace. Mais son imagination l'a emporté vers des réalités que son esprit de physicien considérait comme impossibles. Plus enclin à croire son imagination que son esprit rationnel, il a laissé voguer ainsi son imagination aux confins de l'espace. Il s'en est suivi une compréhension globale, symbolique et quasi instantanée de la relativité de notre champ gravitationnel.

Comme Einstein le dit lui-même dans une lettre à Jacques Hadamard qui enquêtait sur la méthode de travail des mathématiciens: *Les mots, ou la langue, tels qu'ils sont écrits ou parlés, ne semblent jouer aucun rôle dans mon mécanisme de pensée. Les entités psychiques qui semblent servir d'éléments dans la pensée sont certains signes et des images plus ou moins claires qui peuvent être "volontairement" reproduits ou combinés.*

Le mode de fonctionnement de l'hémisphère droit permet une compréhension globale, immédiate, comme une révélation sous forme symbolique, imagée, qui ne fait pas appel à la verbalisation, même mentale.

L'histoire du chimiste qui élucida le problème de la structure moléculaire du benzène est également intéressante à raconter. Ce dernier travaillait depuis longtemps déjà sur cette étrange molécule à six carbones qui ne contenait que six atomes d'hydrogène. Le carbone étant un atome tétravalent, une molécule à six carbones devait nécessairement contenir, en considérant la présence des doubles liens, au moins huit atomes d'hydrogène.

Quelle était donc la structure de cette molécule en apparence incomplète? Fatigué, il alla dormir sur ses réflexions. Pendant son sommeil, il rêva à un long serpent qui s'enroulait sur lui-même et se mordait la queue. Il se réveilla subitement, stupéfait. Il venait d'élucider le mystère: le benzène était une molécule cyclique.

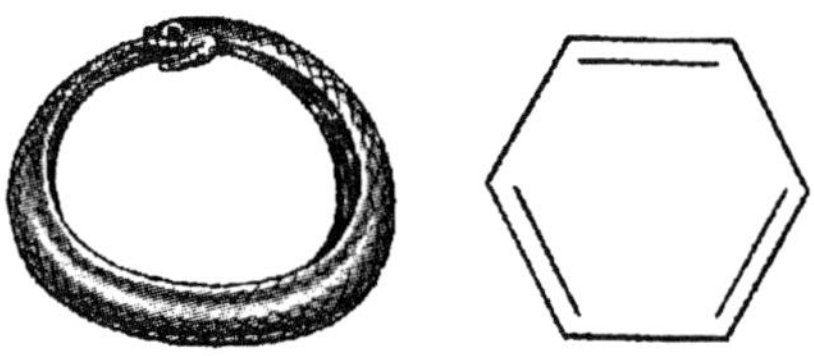

L'hémisphère droit a également permis à Crick et à Watson, ces deux chercheurs qui ont découvert la structure de l'ADN, de se mériter le prix Nobel. En effet, le travail mental nécessaire pour se représenter la structure hélicoïdale tridimensionnelle de l'ADN relève de l'hémisphère droit. Einstein, Crick et Watson étaient très probablement de ces chercheurs marginaux qui se représentaient la réalité d'une façon tout à fait différente de leurs confrères.

Encore une fois, comme le mentionne Robert Ornstein, l'idée n'est pas de faire un virage à droite et de braquer toute son attention sur l'hémisphère droit, mais plutôt de trouver des moyens de solliciter simultanément les deux hémisphères qui, en travaillant en tandem, permettent l'expression optimale de tout notre potentiel intellectuel.

Et comme le mentionne aussi Carl Sagan dans *Les dragons de l'Éden*: *[...] il est impossible de dire si les perceptions ou les constructions de l'hémisphère droit sont réelles ou imaginées sans les soumettre à l'analyse de l'hémisphère gauche. Par contre, la pensée rationnelle, sans le support de la créativité et de l'intuition, sans la recherche de nouvelles conceptions, est stérile et limitée. La résolution de problèmes complexes nécessitant la manipulation de notions abstraites requiert l'activité combinée des deux hémisphères: l'avenir repose sur le corps calleux*[1].

En effet, non seulement la sollicitation de l'hémisphère droit favorise-t-elle une compréhension plus profonde, mais elle est souvent nécessaire ou du moins très utile à la résolution de certains problèmes. Voyez par vous-même. Trouvez la solution de ces différents problèmes. Aucun n'est strictement mathématique et certains n'ont même rien de mathématique. Ils font seulement tous appel à la logique du cerveau droit. Vous trouverez les réponses à la fin du livre.

Problème n° 1

Enlevez 8 des 24 allumettes ci-dessous de façon à obtenir seulement 2 carrés qui ne se touchent pas.

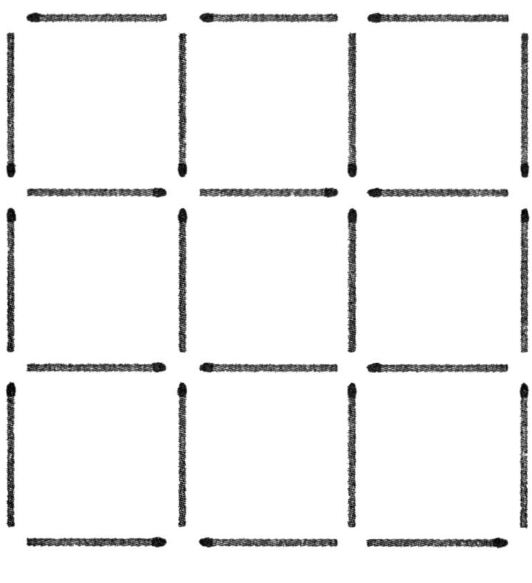

Problème n° 2

Si cette construction symétrique était suspendue par un fil, combien de faces de ces différents cubes seraient exposées?

Problème n° 3

Ajoutez une allumette aux 5 allumettes ci-dessous et formez 4 triangles identiques à ceux déjà présents.

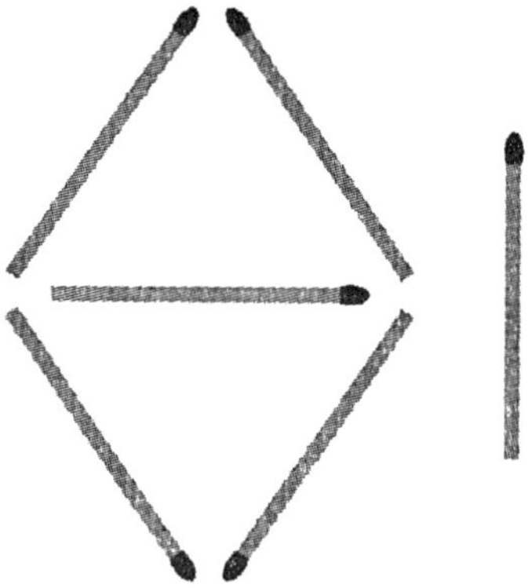

Problème n° 4

Pendant une foire, ce monument a été décoré avec une guirlande. En assumant que la colonne est parfaitement symétrique, qu'elle a 60 m de hauteur et 9 m de circonférence, et que la guirlande en spirale fait exactement 5 tours autour de la colonne, trouvez la longueur de la guirlande?

Problème n° 5

Avec un sablier de 7 minutes et un autre de 11 minutes, comment feriez-vous pour minuter exactement les 15 minutes nécessaires à la cuisson d'un œuf?

Problème n° 6

Le premier jour, cette fève pousse de la moitié de sa hauteur, le deuxième jour du tiers, le troisième jour du quart, et ainsi de suite. Combien de temps faudra-t-il pour que le plant atteigne 100 fois sa hauteur originale?

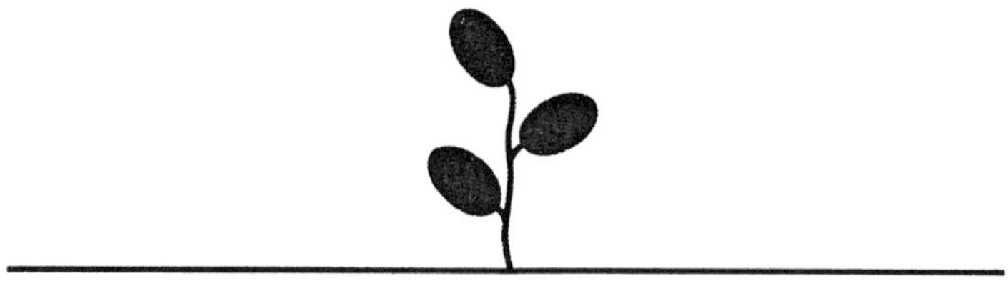

Problème n° 7

Imaginez que vous prenez chacun des bouts de ces cordes, puis visualisez-vous en train de tirer fermement sur ceux-ci jusqu'à ce que vous ayez une corde bien droite. Laquelle de ces cordes vous donnera un nœud?

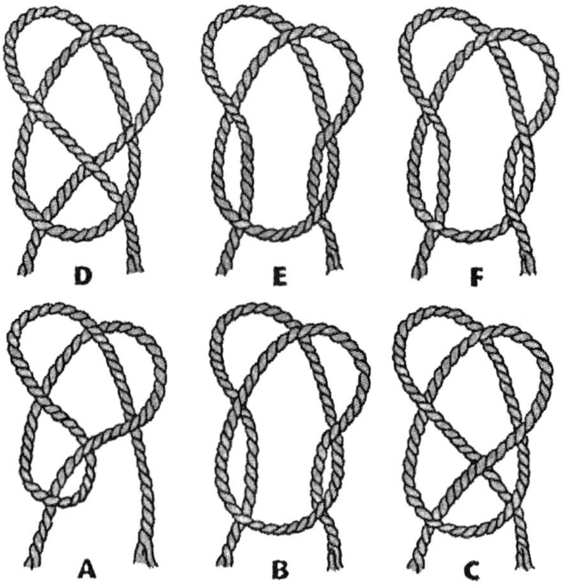

Problème n° 8

Combien de blocs rectangulaires y a-t-il dans cette construction? Chacun mesure 2 par 1 par 1.

Problème n° 9

Ces 5 chaînes sont faites de maillons noirs ou blancs, ou noirs et blancs. Parmi ces chaînes, 2 sont identiques. Lesquelles?

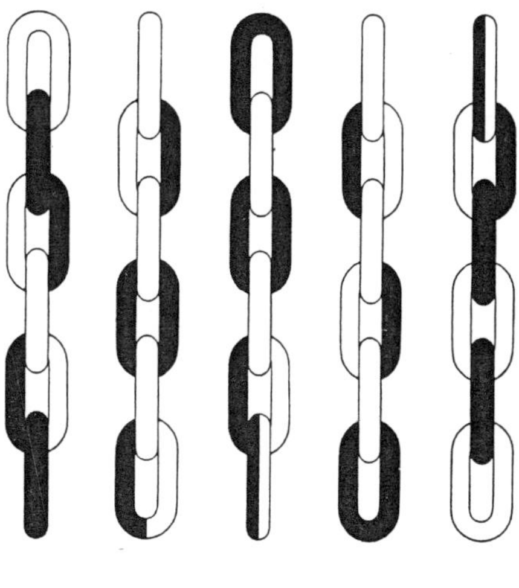

Problème n⁰ 10

Où devez-vous lancer vos dards afin d'obtenir un total de 100? Vous pouvez utiliser le nombre de dards que vous voulez et vous servir plusieurs fois du même cercle.

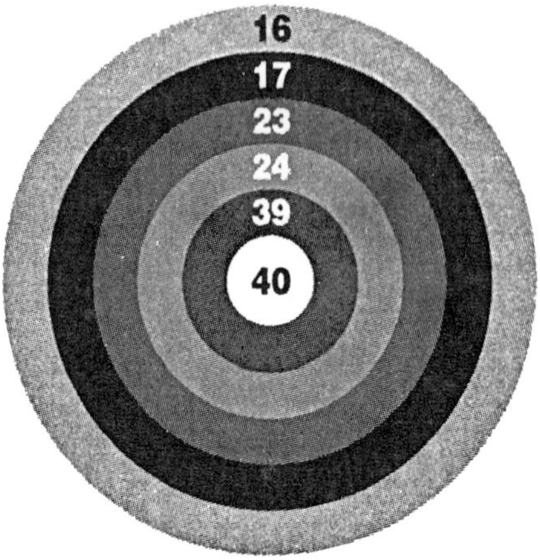

Maintenant que nous comprenons bien l'importance de travailler en sollicitant les deux hémisphères, mettons-nous à l'œuvre. Notre objectif est donc d'arriver à harmoniser les deux hémisphères. Mais dans un premier temps, nous devons découvrir quelles sont nos dominances visuelle, auditive et kinesthésique, et tenter de mettre en évidence notre dominance générale. Les personnes qui auront une dominance droite trouveront peut-être la cause de leurs tribulations dans le système d'enseignement actuel.

DOMINANCE VISUELLE

Pour trouver votre dominance visuelle, faites l'exercice suivant. Prenez une feuille de papier au centre de laquelle vous aurez percé un trou d'environ 1,5 cm de diamètre. Tenez cette feuille devant vous, les bras bien tendus, et fixez un point au loin à travers le trou. Ensuite, rapprochez la feuille de votre visage en continuant de fixer ce point. Lorsque vous toucherez votre visage avec la feuille, le trou aboutira automatiquement sur votre œil dominant. Vous pouvez faire le même exercice en vous regardant dans un miroir. Prenez la feuille et regardez-vous dans le miroir à travers le trou. Vous vous regarderez forcément avec un seul œil, qui est votre œil dominant.

Toutefois, il est possible que votre dominance visuelle soit très faible et que vous aboutissiez tantôt sur l'œil droit, tantôt sur l'œil gauche. Cela signifie que vous êtes en quelque sorte visuellement ambidextre. C'est tout à votre avantage. Comme tout se croise dans le système nerveux, l'hémisphère dominant est donc l'hémisphère opposé à l'œil dominant. Si la feuille aboutit sur votre œil droit, vous êtes de dominance cérébrale visuelle gauche.

DOMINANCE AUDITIVE

Quelle oreille tendez-vous lorsque vous voulez percevoir un son à peine audible? Ou sur quelle oreille posez-vous machinalement le récepteur téléphonique?

Cette oreille est votre oreille dominante. Par conséquent, l'hémisphère auditif dominant est celui opposé à celle-ci. Si votre oreille dominante est la gauche, votre hémisphère auditif dominant est le droit. Un autre moyen de déterminer la dominance auditive est tout simplement de vous regarder dans un miroir. Nous avons tous — ou presque — une oreille plus haute ou plus grosse que l'autre : il s'agit de l'oreille dominante.

Faisons ici une brève parenthèse.

D'un point de vue neurologique, la région auditive du cerveau liée à la parole, soit l'aire de Wernicke, est située dans le cerveau gauche, tout juste au-dessus de l'oreille. La majorité des gens ont donc une oreille dominante droite. Les personnes qui ont une oreille dominante gauche ont parfois tendance à souffrir de dyslexie à cause du temps nécessaire au transfert de l'information du cerveau droit au cerveau gauche. Chez certains, une approche thérapeutique de la dyslexie consiste à entraîner l'oreille droite à devenir dominante.

DOMINANCE MANUELLE

De quelle main écrivez-vous? Voilà votre dominance manuelle. Il ne faut pas oublier que la dominance cérébrale sera inverse, c'est-à-dire du côté opposé à cette main.

Si vous êtes d'un certain âge, il est possible que vous ayez été forcé d'apprendre à écrire de la main droite alors que vous étiez naturellement gaucher. Dans ce cas, pour déterminer quelle est votre dominance manuelle, vous pouvez vous poser les questions suivantes: Avec quelle main est-ce que je compose un numéro de téléphone? Ou avec quelle main est-ce que je lance une balle? C'est votre dominance manuelle.

DOMINANCE DES MEMBRES INFÉRIEURS

Avec quelle jambe frappez-vous un ballon? Ou un caillou? C'est votre dominance au niveau des membres inférieurs.

DOMINANCE GÉNÉRALE

Afin de déterminer quelle est votre dominance générale, faites l'exercice suivant. Prenez une règle et placez-la à la verticale de votre visage de manière à le diviser en deux, en passant entre les deux yeux et sur le nez. De façon générale, un côté de votre visage est plus gros que l'autre. Vous l'avez sans doute deviné, votre dominance cérébrale générale sera opposée à celui-ci. Si le côté droit de votre visage est le plus volumineux, vous avez une dominance cérébrale générale gauche, et vice versa.

Comparez vos différentes dominances et déterminez votre dominance générale. Vous pourrez ainsi adapter votre méthode de travail selon vos prédispositions naturelles. Par exemple, si vous avez une dominance cérébrale générale droite, vous aurez tout intérêt à utiliser le dessin, la musique, les formes, les couleurs, le mouvement et les différents éléments qui font appel au cerveau droit pour faciliter votre apprentissage. En fait, si vous l'aviez fait avant, peut-être auriez-vous gardé un souvenir plus agréable de la petite école...

Mais quelle que soit votre dominance générale, vous optimiserez vos capacités en harmonisant vos deux hémisphères, afin que leur champ d'action et leurs modalités respectives se conjuguent. Comme mentionné précédemment, c'est lorsque les deux hémisphères travaillent ensemble que les facultés d'apprentissage sont les meilleures. En voici une démonstration.

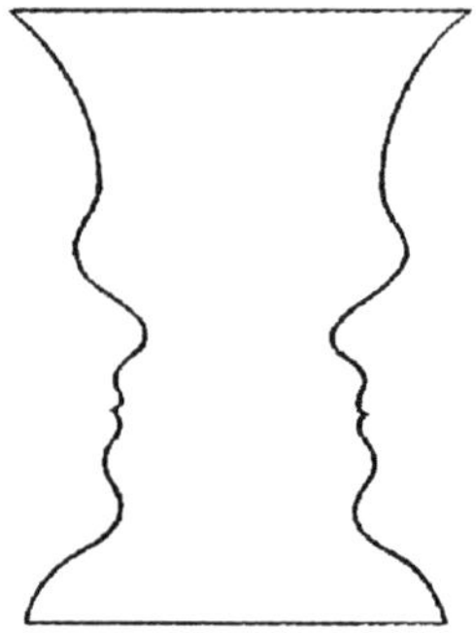

Regardez le vase ci-dessous. Si vous l'observez bien, vous y verrez de part et d'autre, de façon symétrique, le profil d'un individu.

Maintenant, complétez le vase ci-dessous de façon symétrique en reproduisant celui dessiné précédemment. Si vous êtes gaucher, appliquez-vous sur celui de gauche et si vous êtes droitier, prenez celui de droite. Tracez-le rapidement, en quelques secondes, **en vous concentrant sur l'aspect anatomique du visage** à reproduire. Tout en le dessinant, nommez chacune des parties du visage. Vous travaillerez ainsi davantage avec votre cerveau gauche.

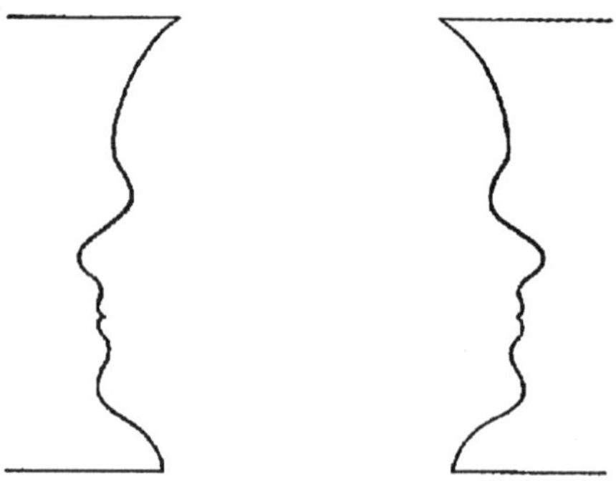

Refaites le même exercice, mais en vous concentrant cette fois sur l'aspect morphologique du vase. Oubliez le visage et ne reproduisez que les formes. Vous travaillerez ainsi davantage avec votre cerveau droit. Si vous avez de la difficulté à oublier le visage, tournez votre feuille de façon à ce que le vase soit inversé, la tête vers le bas. À présent, tracez le vase.

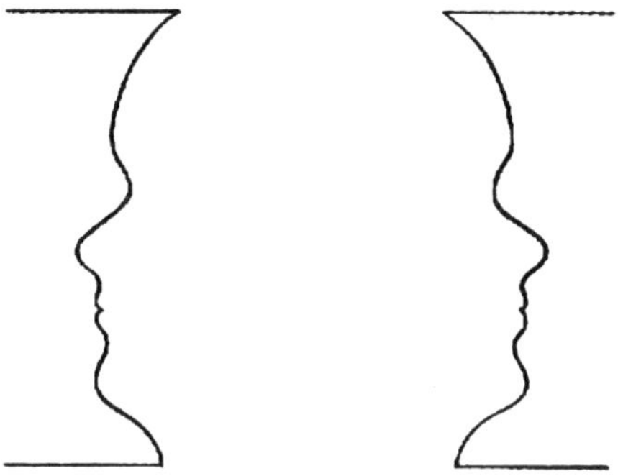

Maintenant, tracez une dernière fois le vase en prenant bien conscience du visage, mais en suivant avec votre doigt le côté opposé déjà tracé. Concentrez-vous à la fois sur les formes du visage et sur la symétrie du tracé. Vous travaillerez ainsi avec les deux hémisphères.

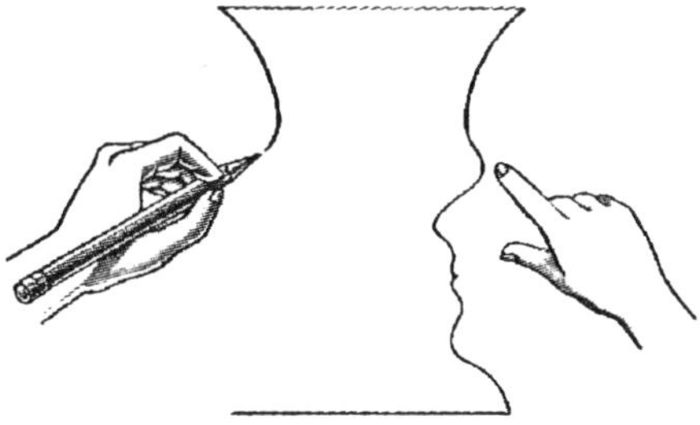

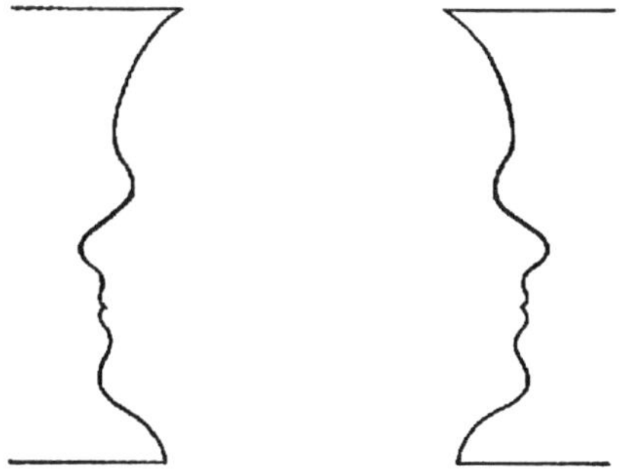

Lequel des vases est le plus symétrique? Si vos deux hémisphères sont spontanément enclins à travailler ensemble, sans doute est-ce le dernier tracé. Toutefois, si vous avez développé une quelconque aptitude à travailler exclusivement avec votre hémisphère gauche ou droit, il se pourrait que le cerveau persiste dans sa stratégie «unihémisphérique».

À l'aide de quelques exercices, voyons maintenant comment amener ces deux hémisphères à collaborer.

LA RESPIRATION ALTERNÉE

Cet exercice est inspiré du yoga. En plus d'être efficace, il est discret et peut très bien être exécuté en classe ou dans une salle de conférence.

Placez le pouce de la main droite sur la narine droite et l'annulaire de la même main sur la narine gauche. L'index et le majeur sont repliés ou reposent entre les deux sourcils. Inspirez par la narine gauche en bloquant la narine droite avec le pouce, faites une courte rétention en bloquant les deux narines et expirez par la narine droite en retirant votre pouce et en bloquant la narine gauche avec l'annulaire. Inspirez ensuite par la narine droite, en suivant le même procédé, faites une courte rétention et expirez par la narine gauche. Inspirez de nouveau par la narine gauche, faites une courte rétention et expirez par la narine droite, et ainsi de suite en terminant par la narine gauche. Faites cet exercice pendant quelques minutes. Vous pouvez également ajouter à la respiration alternée un exercice de visualisation en imaginant une lumière blanche qui passe successivement d'un hémisphère à l'autre.

L'idéal est de pratiquer cette respiration selon le rythme X-4X-2X correspondant au cycle inspiration/rétention/expiration. C'est-à-dire que la rétention et l'expiration seront respectivement 4 fois et 2 fois plus longues que l'inspiration. Par exemple, si vous inspirez pendant 4 secondes, vous retiendrez votre souffle pendant 16 secondes et expirerez pendant 8 secondes. La tradi-

tion du yoga mentionne que les meilleurs effets sont obtenus avec le rythme 16-64-32 ou 12-48-24. Mais comme vous le constaterez rapidement, ceci requiert un bon entraînement!

LE PONT

Cet exercice est plus simple et plus discret encore que la respiration alternée. Quoique moins efficace, il demeure cependant très intéressant pour bien se préparer avant un cours ou une conférence.

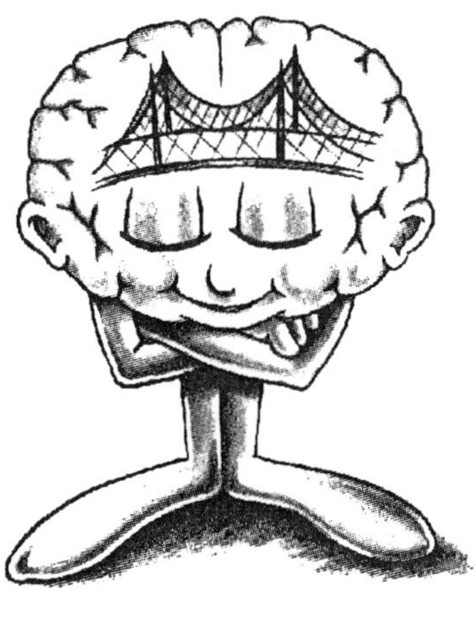

Fermez les yeux et visualisez un pont reliant les deux hémisphères cérébraux. Puis traversez ce pont en allant d'un hémisphère à l'autre.

Plusieurs personnes ayant des troubles d'apprentissage ou de concentration ont de la difficulté, voire une incapacité, à faire cette visualisation. Elles gagneront beaucoup à pratiquer cet exercice.

Mentionnons également quelques exercices de massage qui, s'ils n'agissent pas sur l'harmonisation des hémisphères cérébraux, favorisent néanmoins la concentration. Le massage au complet ne requiert que quelques minutes.

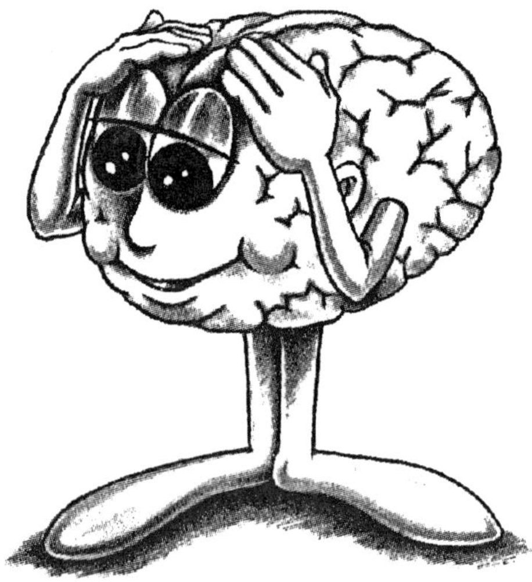

Premièrement, massez les tempes et le front, plus particulièrement les fameuses «bosses des mathématiques». Puis massez les contours osseux situés derrière les oreilles et les deux petites bosses qui se trouvent derrière les lobes. Terminez en massant la nuque et le haut du dos.

Pour les amateurs de yoga, mentionnons que certaines postures telles que la charrue, la posture sur la tête, le chien et le demi-diamant favorisent également la concentration.

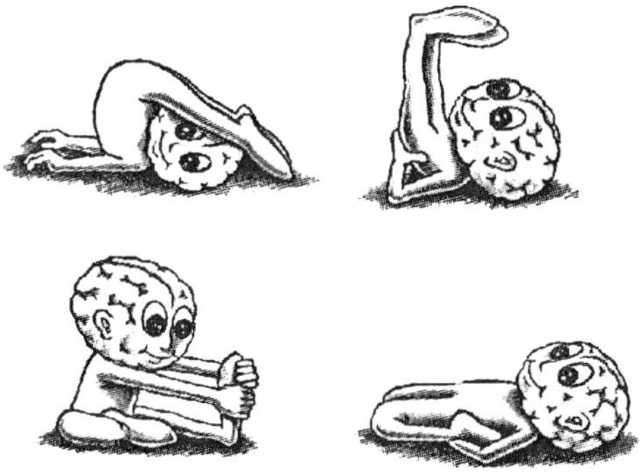

Les deux hémisphères étant maintenant en parfaite harmonie, allons voir ce que nous disent les travaux de Howard Gardner et ce que nous pouvons en retirer.

Chapitre 4

LES SEPT MODALITÉS DE L'INTELLIGENCE

MOI, JE SUIS RYTHMIQUE, ET TOI?

L'intelligence! Voilà une chose devant laquelle nous nous inclinons depuis que Descartes l'a portée en hommage en affirmant: «*Je pense donc je suis.*» Depuis, penser, réfléchir, être intelligent, c'est **être**! Notre société contemporaine accorde une grande importance à l'intelligence. Elle est la clé qui ouvre bien des portes. Si un employeur s'enquiert de votre degré d'études, ce n'est que parce qu'il existe des corrélations bien définies entre le niveau d'études atteint et le très vénéré quotient intellectuel.

Mais qu'est-ce que l'intelligence? Le dictionnaire *Le Petit Larousse* nous dit que «c'est la faculté de connaître, de comprendre». Mais de connaître et de comprendre quoi?

Le musicien virtuose qui peut reproduire par écrit ou sur son instrument n'importe quelle musique entendue à la volée est-il intelligent? Sans aucun doute. Pourtant, les probabilités qu'il ne connaisse rien du processus neurologique lui permettant d'accomplir son exploit sont grandes. Peut-être aussi ignore-t-il tout des mathématiques et de l'histoire, ou peut-être n'a-t-il aucune notion de science et ne comprend-il que peu de choses à la politique? Le navigateur aborigène qui navigue presque d'instinct et trouve son chemin à travers un dédale d'îlots et de récifs ignore tout de l'art d'utiliser le sextant et la boussole. Il ignore aussi les mathématiques et les finesses de la langue. Pourtant, combien d'entre nous pourraient égaler ses performances? Et tel champion nageur qui manie son corps avec une telle grâce, une telle habileté et une telle précision, connaît-il l'angle avec lequel son bras doit attaquer l'eau? Ou bien l'amplitude de rotation qu'il doit donner à son bassin pour optimiser sa poussée? Sans doute que non. Pourtant, il le fait avec la plus grande précision.

Doit-on conclure que l'intelligence est plus que la connaissance ou la compréhension? Et si ce n'était que l'aptitude à utiliser une quelconque connaissance de façon à s'adapter à la réalité? Pourtant, celui qui sait et qui comprend est incontestablement intelligent. Et s'il y avait plusieurs types d'intelligence? Et si le musicien, le guide de brousse, le navigateur et l'athlète étaient tous intelligents à leur façon? Et s'il y avait plusieurs modalités à l'intelligence?

Howard Gardner s'est longtemps interrogé sur l'intelligence pour conclure finalement qu'elle comporte en effet plusieurs modalités et que le système d'enseignement actuel, de même que nos façons d'évaluer l'intelligence en général, ne font appel qu'à certaines d'entre elles.

Par exemple, notre musicien virtuose, visiblement très intelligent, a très bien pu, à certains moments et dans certaines circonstances, être considéré comme un cancre. De même que le peintre qui, après un seul coup d'œil, peut reproduire une toile complète a très bien pu être un piètre étudiant.

Notre système d'enseignement actuel ne fait virtuellement appel qu'aux intelligences de type verbal et mathématique. Tant mieux pour ceux qui fonctionnent bien avec ces modalités, mais pour les autres... tant pis!

Gardner a identifié sept modalités de l'intelligence qu'il a bien définies dans son livre *The Frames of Mind* (Les structures de l'esprit). Ce sont les intelligences rationnelle et mathématique (logique), visuelle, auditive et verbale (linguistique), musicale et rythmique, kinesthésique (physique), intrapersonnelle et interpersonnelle.

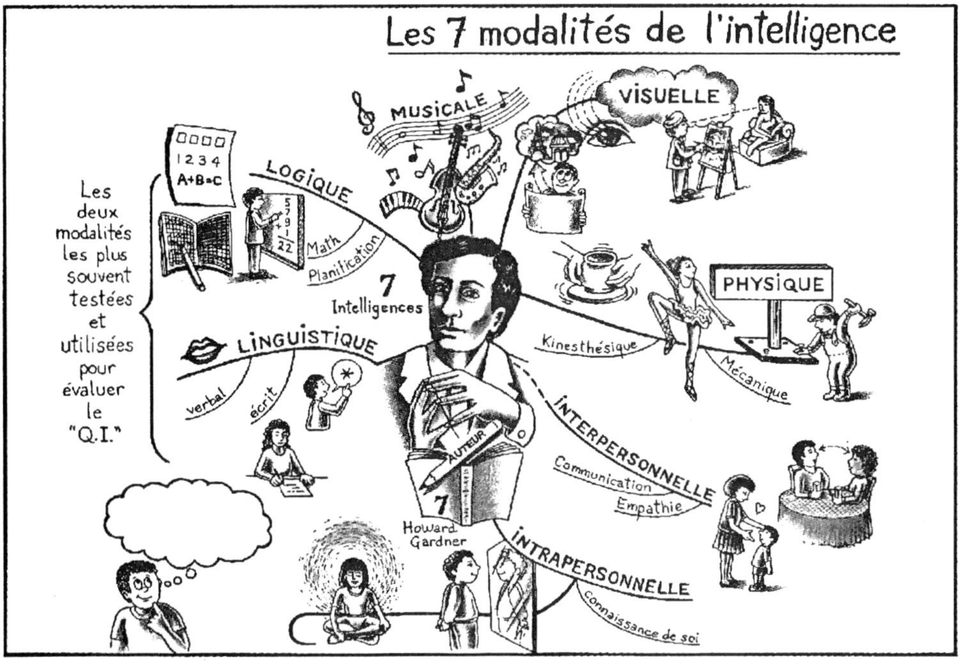

Reprenons brièvement chacune d'elles.

INTELLIGENCE MATHÉMATIQUE ET RATIONNELLE

C'est l'intelligence de l'ordre, des séquences. Celui qui travaille avec cette modalité aura bien sûr une facilité avec les nombres, mais également une aptitude à ordonner la réalité et l'univers, et à en exprimer les caractéristiques de façon logique. Carl Friedrich Gauss en est un bon exemple. C'est de lui que l'on tient la célèbre courbe de Gauss. Par cette courbe, il exprime de façon simple, précise et ordonnée, la réalité selon laquelle, dans la nature et à l'intérieur d'une population donnée, une caractéristique particulière fait partie de la moyenne. Prenons par exemple la grandeur de l'homme. Si on mesure une population entière, on verra que l'homme mesure en moyenne 1,75 m avec une quantité à peu près égale de gens plus petits et plus grands.

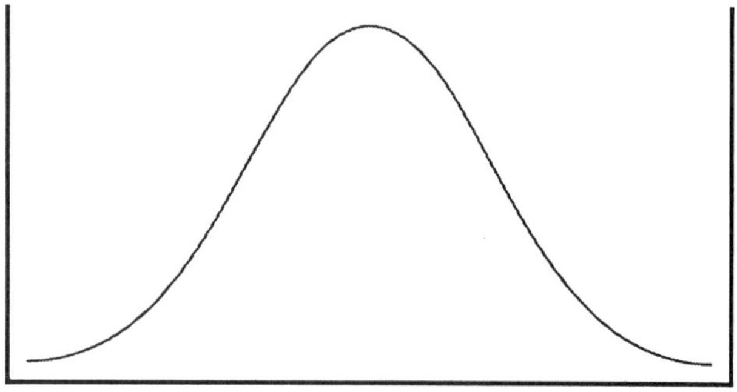

Cet exemple n'impliquait volontairement pas le calcul et les nombres. L'intelligence mathématique dépasse de loin le simple usage des chiffres. C'est l'intelligence de la logique, de la représentation symbolique de l'univers.

Du point de vue de l'apprentissage (et c'est ce qui nous intéresse ici) celui qui fonctionne selon l'intelligence mathématique apprendra aisément lorsque les connaissances lui seront présentées de façon rationnelle et logique. Plus la façon avec laquelle les connaissances lui seront présentées fera appel aux nombres, aux symboles et à la représentation mathématique et graphique, mieux il comprendra. Le concept de la pesanteur, par exemple, ne prendra un sens pour lui qu'en terme de kilogrammes et celui de distance qu'en terme de kilomètres.

INTELLIGENCE VISUELLE OU SPATIALE

C'est l'aptitude à manipuler l'univers spatial et à se le représenter mentalement.

Faites l'exercice suivant.

Les deux dessins ci-après représentent deux vues différentes d'un même objet irrégulier à trois dimensions. Celui du haut correspond à une vue aérienne, celui du bas est une vue de face. Quelle est la forme de cet objet? Dessinez-le en trois dimensions. Cet exercice requiert une manipulation mentale. Vous devez

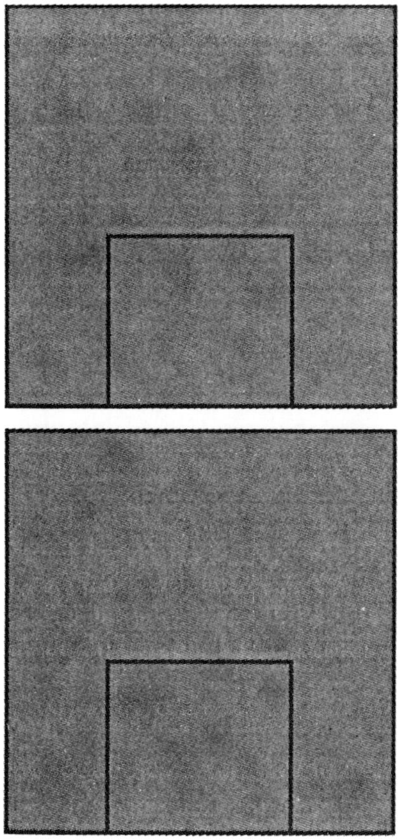

tourner et retourner mentalement l'objet, et imaginer sa forme tridimensionnelle. Vous trouverez la réponse à la page 196.

Cet exercice fait appel à l'intelligence visuelle ou spatiale. C'est l'intelligence de Michelangelo qui après avoir regardé une toile pendant quelques minutes pouvait la reproduire dans ses plus fins détails. C'est également l'intelligence du navigateur aborigène qui s'oriente selon le relief du rivage, reconnaissant tel récif, telle forme de rocher ou encore tel type de ressac. C'est l'intelligence des Inuits qui arrivent à se retrouver dans l'immensité de la toundra enneigée simplement à la forme de l'horizon ou à l'inclinaison d'un terrain. C'est également l'intelligence du peintre, du sculpteur ou du décorateur et même celle de l'aveugle qui, à l'aide de quelques coups de canne à tâtons, parvient à se représenter mentalement l'environnement dans lequel il se trouve.

Celui qui fonctionne selon l'intelligence visuelle aura besoin de voir les choses ou de se les représenter mentalement pour pouvoir bien les comprendre. On peut lui répéter cent fois une chose, mais il suffit de la lui exprimer par écrit ou par un dessin, ou de la lui faire visualiser, pour qu'il s'exclame: «Ah! maintenant, je comprends!»

INTELLIGENCE VERBALE ET AUDITIVE

C'est l'aptitude à verbaliser. C'est l'intelligence qui s'applique à la phonation, à la subtilité des mots, à la syntaxe, à la sémantique. Jumelée à l'intelligence mathématique, elle donne la rhétorique.

C'est l'intelligence des grands orateurs, des humoristes, des écrivains ou encore des poètes. Celui qui fonctionne selon ce type d'intelligence aura besoin d'entendre les informations ou de se les énoncer mentalement pour bien les assimiler. C'est celui qui, pour bien comprendre une notion difficile, la lira mentalement «à haute voix» et se la répétera ensuite dans ses propres mots. Il s'agit de l'intelligence la plus sollicitée dans le système d'enseignement actuel et sans doute est-il juste de prétendre que ceux qui réussissent facilement dans la société possèdent une bonne intelligence verbale et auditive.

INTELLIGENCE MUSICALE ET RYTHMIQUE

C'est l'intelligence de Mozart qui, en jouant au billard, entendait les symphonies résonner dans sa tête. Il en considérait l'écriture comme une simple retranscription. Ou celle de Strauss qui, lorsqu'il entendait sa musique céleste, s'attribuait le simple mérite de l'avoir transcrite. C'est l'intelligence du musicien capable de se représenter mentalement plusieurs instruments et plusieurs sons en même temps, et d'en concevoir l'harmonie. Grâce à sa musique, il emploie son aptitude à engendrer le calme, la colère, l'action, le repos. C'est également l'intelligence du rythme : celle du comédien, par exemple, qui apprend son texte en le rythmant sur son pas. C'est une partie de l'intelligence du poète qui fait rythmer les mots, les vers et les strophes.

Ceux qui fonctionnent selon ce type d'intelligence sont de bons musiciens. Ils apprendront plus facilement s'ils jouent mentalement avec le rythme des mots comme, par exemple, en réécrivant les règles de grammaire ou toute autre notion sous forme de vers. Les jeunes enfants apprendront facilement l'alphabet ou les tables de multiplication s'ils les répètent en faisant du «rap», ce qui fait appel au rythme.

INTELLIGENCE KINESTHÉSIQUE

C'est l'intelligence du mouvement, de la coordination. C'est la perception de soi dans l'espace, l'utilisation de son corps comme un instrument. C'est la gymnaste qui s'exécute sur la poutre, le funambule qui évolue sur un fil ou encore John McEnroe qui frappe la balle avec son revers précis et foudroyant. C'est le mime Michel Courtemanche qui maîtrise avec finesse et précision les muscles de son visage et de son corps pour engendrer l'illusion. C'est l'intelligence de celui qui saura démonter et remonter un réveille-matin sans la moindre instruction. C'est le mécanicien, l'ébéniste, le charpentier. C'est le pêcheur aborigène qui, se tenant au pied d'une chute, harponne les poissons de sa fine lance.

Celui qui fonctionne selon ce type d'intelligence apprendra beaucoup plus facilement à travers le mouvement. Il pourrait faire un bon médecin s'il pouvait, au cours de ses études, manipuler un corps, des organes, etc. Toucher et manipuler, voilà les mots d'ordre du kinesthésique pur.

Mais le mouvement ne veut pas seulement dire le mouvement réel. Bouger et s'activer mentalement est très souvent tout aussi efficace que de se remuer physiquement. Le kinesthésique aura donc avantage à se visualiser dans le mouvement en train d'utiliser les connaissances à acquérir.

INTELLIGENCE INTRAPERSONNELLE

C'est l'intelligence des poètes solitaires comme Rimbaud, des ermites qui s'abîment dans la méditation et l'introspection. C'est celle des écrivains prolifiques qui rédigent, retranchés dans leur quartier. C'est aussi celle des scientifiques stéréotypés, tel le professeur Tournesol qui, en public et hors de leur champ de spécialisation, devient presque socialement inadapté tandis qu'il est un véritable génie dans son laboratoire. C'est celui qui aura besoin de se retirer et de réfléchir seul sur les nouvelles notions apprises pour bien les intégrer. C'est aussi l'étudiant préféré des enseignants, car il réussit sans qu'on n'ait à s'en préoccuper. Tout s'ordonne dans sa tête, dans la solitude et le silence. C'est celui qui dira: «Je vais méditer sur la question et nous en reparlerons.»

INTELLIGENCE INTERPERSONNELLE

C'est l'intelligence des grands communicateurs comme Winston Churchill. C'est celle de Gandhi qui a su, plus que quiconque, comprendre et manipuler les masses populaires. C'est celle de Napoléon qui a su parler à ses hommes et les stimuler jusqu'à l'exaltation pour une cause commune. C'est celle du comte de Talleyrand, tantôt conseiller de Bonaparte, tantôt celui de Louis XVIII, que l'on redoutait tant il savait lire l'âme humaine et comprendre ses réalités. C'est l'intelligence de De Gaulle ralliant les forces de la résistance. C'est aussi celle de René Lévesque réussissant à réunir vers un but commun des troupes composées d'éléments parfois fort divergents. C'est l'étudiant ou l'individu qui dira: «Discutons un peu de cette question ensemble afin de mieux la comprendre.»

Comme vous l'avez sans doute remarqué, personne n'appartient exclusivement à l'un ou l'autre de ces types d'intelligence. Nous travaillons tous selon plusieurs de ces modalités. En nous observant quelque peu, nous pouvons aisément déterminer selon quelles de ces modalités nous fonctionnons le mieux.

Bon nombre de personnes se croyant peu douées pour les études n'ont, en fait, qu'un seul problème : celui de n'avoir jamais abordé les informations à retenir à partir des modalités de l'intelligence avec lesquelles elles ont le plus d'affinités. Nous pouvons considérer ces styles d'intelligence un peu comme des fenêtres par lesquelles entrerait la connaissance.

Maintenant que nous comprenons mieux comment fonctionne le cerveau et surtout comment il glane l'information à travers diverses fenêtres, nous pouvons résumer ces sept modalités de l'intelligence en trois avenues par lesquelles nous parvient la connaissance ou, du moins, par lesquelles le cerveau l'appréhende. Pour une rétention et une intégration optimale, l'information a besoin de ces trois supports : visuel, auditif et kinesthésique (VAK).

À titre d'exemple, faisons un brin d'histoire. Revoyons les débuts de l'histoire du Canada avec l'arrivée des tout premiers colons au Québec.

Le 20 avril 1534, Jacques Cartier quitte les côtes françaises aux commandes de deux voiliers et d'un équipage d'environ soixante hommes. Après trois semaines en haute mer, il approche des côtes de Terre-Neuve. Il passe par le détroit de Belle-Isle, pénètre dans ce qui deviendra plus tard le golfe du St-Laurent et se rend jusqu'aux Îles-de-la-Madeleine. Il approche de l'Île-du-Prince-Édouard et, le 3 juillet 1534, il pénètre dans une baie moins profonde et plus chaude que les côtes de Terre-Neuve, qu'il nomme la Baie-des-Chaleurs. Après un arrêt à Port-Daniel, il entre dans la Baie de Gaspé, le 24 juillet 1534, où il plante une croix de trente mètres de haut. Finalement, il contourne l'Île d'Anticosti et retourne vers la France.

Le 19 mai 1535, il reprend la mer, cette fois avec trois bateaux et près de cent dix hommes. Il met deux mois pour traverser l'océan. Le 10 août 1535, il passe par le détroit de Belle-Isle et pénètre dans l'immense baie qu'il nomme St-Laurent en l'honneur du saint fêté à cette date. Ce nom s'étendra ensuite au fleuve tout entier ainsi qu'aux terres qu'on appellera la Laurentie.

Il remonte ensuite le fleuve et découvre l'embouchure du Saguenay, émerveillé par la beauté des paysages. Le 8 septembre 1535, les trois vaisseaux contournent l'Île d'Orléans et jettent l'ancre à Stadaconné, qui deviendra la ville de Québec. Jacques Cartier fraternise avec le chef Donnaconna. À bord d'une chaloupe, il remonte le fleuve jusqu'à la bourgade d'Hochelaga, aux pieds du Mont-Royal, qui deviendra plus tard le site de la future ville de Montréal. Il revient ensuite à Québec pour y passer l'hiver.

Le manque de viande fraîche et de végétaux expose les colons au scorbut. Bon nombre d'entre eux succombent jusqu'à ce que les Amérindiens leur enseignent l'usage de l'infusion de cèdre blanc. À l'automne 1536, Jacques Cartier reprend la route de la France avec à bord quelques Indiens...

***

Toute cette information vous est parvenue par la fenêtre visuelle.

Maintenant, relisez le même passage sur les voyages de Jacques Cartier, mais cette fois à voix haute. Ou mieux encore, enregistrez-le sur une cassette et écoutez-le, bien détendu dans un fauteuil. Vous aurez alors accès à l'information par la fenêtre auditive. Si vous pouviez en même temps regarder une bande dessinée décrivant les voyages de Jacques Cartier, ce serait l'idéal. Vous recevriez alors simultanément l'information par les fenêtres auditive et visuelle.

À présent, relisez le texte une dernière fois, mais cette fois-ci en vous projetant dans la scène. Imaginez-vous auprès de Jacques Cartier. Par exemple, à Gaspé, c'est vous que Jacques Cartier choisit pour planter la croix de trente mètres, quinze fois votre hauteur... Plus tard, vous pénétrez dans l'estuaire du St-Laurent; le soleil est radieux... Nous sommes au mois d'août, quelques semaines avant le début des classes... Vous entendez Jacques Cartier proclamer solennellement qu'en l'honneur de Saint-Laurent, il donnera ce nom au fleuve. Et ainsi de suite...

Si vous avez enregistré le texte sur une cassette, asseyez-vous confortablement dans un fauteuil et écoutez-le en prenant bien soin de vous visualiser en train de vivre l'événement et d'y participer. À ce moment-là, être en profonde relaxation est très bénéfique. (Nous verrons cette notion au prochain chapitre.) Gardez bien à l'esprit que l'aspect kinesthésique implique le mouvement, mais que ce dernier ne doit pas nécessairement être réel; il peut être mental. De nombreux athlètes accomplissent de grandes performances en diminuant leur temps d'entraînement réel et en ajoutant des séances régulières de visualisation à leur pratique quotidienne. Pendant ces séances, ils excellent mentalement. (Nous verrons toute l'importance de la visualisation dans un chapitre ultérieur.)

L'important est d'associer un mouvement à l'information. L'idéal serait d'aller en bateau refaire l'itinéraire de Cartier, mais c'est évidemment irréaliste. Le plus simple est de pratiquer la visualisation et de se voir en train de faire les découvertes avec Jacques Cartier. Vous pourriez aussi tracer sur papier les différents voyages et itinéraires de ce dernier en vous mettant carrément dans sa peau et en vous représentant son expérience visuelle, auditive et kinesthésique pendant ses expéditions. Ainsi, vous aurez eu accès à l'information à travers les trois fenêtres VAK.

Si vous avez pris le temps de bien faire l'exercice, sans doute pouvez-vous nous parler avec vos mots et avec éloquence de Jacques Cartier et de ses voyages.

En tant qu'étudiant ou enseignant, il faut toujours greffer une dimension visuelle, auditive et kinesthésique à l'information et toujours recevoir ou présenter l'information par ces trois fenêtres à la fois.

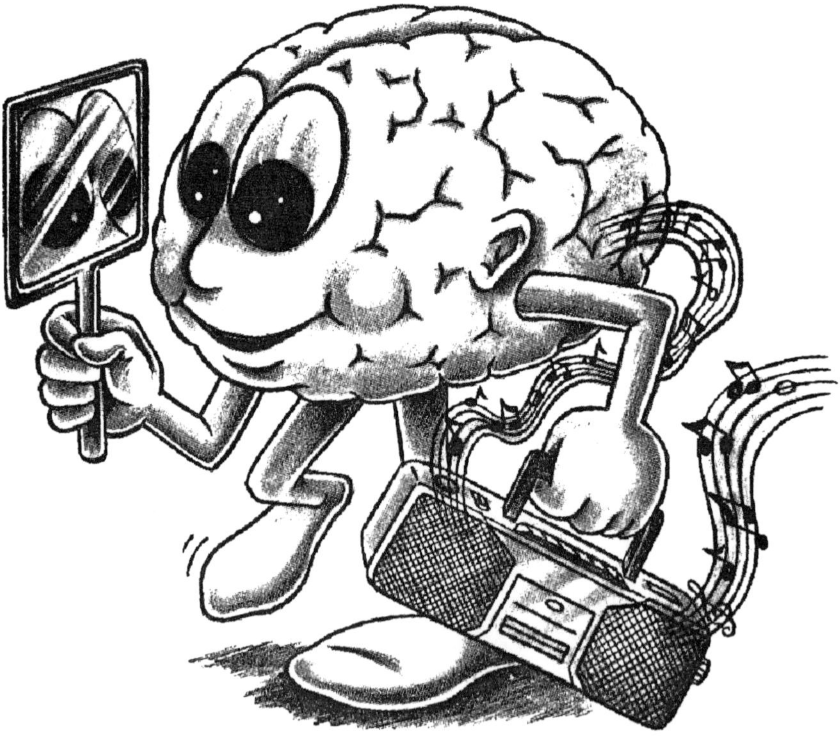

Chapitre 5

LA RELAXATION... PLUS QU'UNE DÉTENTE!

Chaque fois qu'il y a tension, les capacités d'apprentissage et l'aptitude à tout travail d'ordre intellectuel s'en trouvent affectées. La solution réside alors dans la relaxation, un aspect fondamental de l'apprentissage accéléré.

En milieu scolaire, au primaire, les enfants attendent avec impatience le moment où ils iront s'étendre pour une séance de surapprentissage pendant laquelle ils apprendront par la relaxation et la visualisation.

Mais en quoi la relaxation favorise-t-elle l'apprentissage? Il y a deux façons de la concevoir.

D'abord, comme moyen de se détendre afin de se libérer du stress de la journée et refaire le plein d'énergie. C'est une bonne façon d'éliminer les tensions musculaires responsables de certaines migraines, de certains maux de dos ou de certaines insomnies. Mais en dépit de ce rôle très salutaire, la relaxation est beaucoup plus qu'une simple détente. La seconde façon de la considérer est de l'utiliser pour atteindre des «états altérés de conscience», pendant lesquels le cerveau fonctionne avec beaucoup plus d'acuité, d'intensité, de plénitude et d'efficacité. Toute visualisation faite dans ces états altérés de conscience aura une répercussion étonnante. Toute information reçue sera comprise et intégrée avec de meilleurs résultats.

C'est sur cet aspect de la relaxation que nous nous attarderons. Comment créer, dans l'organisme, un état de grande réceptivité nous permettant d'accueillir plus facilement l'information, de la comprendre en profondeur, de l'intégrer et de l'ancrer de façon à bien la retenir et à pouvoir y accéder à volonté.

Il existe plusieurs plans de conscience à travers lesquels nous fluctuons selon nos activités et nos dispositions intérieures. La science définit ces différents états de conscience en terme d'ondes cérébrales, telles qu'observées sur l'électroencéphalogramme. En ce qui nous concerne, trois de ces types d'ondes cérébrales sont intéressantes. Ce sont les ondes bêta (β), alpha (α) et thêta (θ) qui correspondent tout simplement à différents intervalles de fréquence.

Une dominance en ondes β est observée chez un individu en état de veille. Les ondes β dominent le spectre des ondes cérébrales lorsqu'un individu discute normalement de choses et d'autres, ou lorsqu'il est engagé dans une réflexion portant sur une question d'ordre pratique et concrète. Chaque fois que notre attention est requise sans que notre activité ne nous absorbe complètement, nous sommes en ondes β. La plupart du temps, lorsque nous nous engageons dans une activité consciente, nous sommes effectivement en «mode β». Les ondes β couvrent un spectre allant de 13 à environ 35 cycles par seconde (cps).

Lorsque nous rêvassons, que nous sommes dans la lune ou, lorsqu'ayant commencé une activité, nous nous y absorbons jusqu'à perdre la notion du temps et de l'environnement, nous sommes alors en «mode α». C'est le type d'ondes qui apparaît juste avant le sommeil. Avec un peu de pratique, il est possible de demeurer totalement conscient en «mode α» et de poursuivre une réflexion. Les facultés intellectuelles sont alors très vives. Le discernement et la capacité de jugement sont à leur maximum. Lorsque le cerveau est en «mode α», nous sommes dans un état de grande réceptivité et d'éveil intellectuel. Les ondes α ont des fréquences allant de 8 à 12 cps.

Finalement, en ondes θ, la réceptivité, la capacité à résoudre des problèmes et la compréhension intuitive se trouvent grandement accrues. L'esprit est clair et dispos. Cependant, cet état est rarement atteint à l'état de veille sans un entraînement assidu. Les ondes θ ont des fréquences allant de 4 à 7 cps.

Avec un minimum de pratique, le relaxation permet de plonger consciemment le système nerveux dans une prédominance d'ondes α ou θ et de favoriser tout processus intellectuel facilitant ainsi l'apprentissage. Lorsque le cerveau est en ondes α ou θ, l'apprentissage se fait beaucoup plus rapidement et avec beaucoup plus de facilité. La compréhension devient intuitive et permet une intégration profonde des connaissances abordées. Ces états de conscience favorisent également une bonne mémoire.

D'un point de vue concret et afin de mieux comprendre comment ces ondes aiguisent nos facultés, portons un regard sur l'expérience de certains personnages bien connus.

Le mathématicien Henri Poincarré décrit en ces mots de quelle façon il parvint à trouver la solution à un problème difficile:

> *Un soir, je pris du café noir, contrairement à mon habitude, et je ne pus m'endormir: les idées surgissaient en foule; je les sentais comme se heurter, jusqu'à ce que deux d'entre elles s'accrochassent, pour ainsi dire, pour former une combinaison stable. [...] Il semble que, dans ces cas, on assiste soi-même à son propre travail inconscient qui est devenu partiellemnet perceptible à la conscience surexcitée et qui n'a pas pour cela changé de nature. On se rend alors vaguement compte de ce qui distingue les deux mécanismes ou, si l'on veut, les méthodes de travail des deux moi.*

On se souvient également d'Albert Einstein, étendu dans l'herbe, qui, dans un rêve éveillé, se projeta le long d'un rayon de soleil jusqu'à sonder les confins de l'espace. Il en résulta une nouvelle loi de la physique moderne. On se souviendra aussi de

Berthelot, celui qui découvrit la structure cyclique du benzène. Il fit sa découverte pendant un rêve, période durant laquelle le cerveau est souvent en ondes α.

Elias Howe, l'inventeur de la machine à coudre, fit sa fameuse découverte dans des circonstances plutôt cocasses. Il travaillait depuis un bon moment déjà sur ce qui allait devenir la machine à coudre, sans pouvoir trouver comment installer l'aiguille et enfiler le fil. Fatigué, il mit son travail de côté et alla faire une sieste. Pendant son sommeil, il rêva qu'il avait été enlevé par des cannibales qui l'avaient mis à mijoter dans une immense marmite. Il se voyait bouillir avec des oignons et des carottes alors que tous ces cannibales pointaient leur lance vers lui afin qu'il reste bien au fond de la marmite. Son attention se dirigea soudainement vers la pointe de ces lances qui était perforée. Il s'éveilla subitement en sursaut... il avait trouvé la solution. Il devait faire son trou à l'extrémité pointue de l'aiguille.

Robert Louis Stevenson utilisait régulièrement le rêve éveillé pour structurer le scénario de ses histoires. C'est ainsi qu'il donna naissance au désormais célèbre *Dr Jekyll and Mr. Hyde.*

Ces différents cas décrivent bien comment la relaxation et les états altérés de conscience peuvent être utilisés pour apprendre ou résoudre des problèmes de toute nature. Dans un premier temps, il est nécessaire de bien parcourir le problème ou les connaissances à acquérir avec sa conscience de veille. Il est important de bien garder à l'esprit, du moins de façon inconsciente, toutes les données du problème, ou d'avoir été exposé préalablement aux notions à apprendre. Ensuite, on s'étend et on fait intervenir les états altérés de conscience. C'est un peu comme si la conscience de veille (ondes β) avait pour rôle d'aller chercher les informations et d'en parcourir les revers. Une fois cette collection accomplie, les états altérés de conscience s'occupent de tout ordonner et d'en tirer une compréhension profonde.

Des expériences faites à l'Institut Meninger, au Kensas, ont démontré une corrélation directe entre l'élévation du niveau des ondes α et θ et la capacité d'acquérir des connaissances nouvelles. C'est en grande partie sur la manipulation de ces états de conscience que le Dr Lozanov appuyait son approche, qui permettait d'apprendre une langue étrangère en très peu de temps.

Donc, la prochaine fois que vous aurez à étudier, à préparer un travail écrit ou oral, à élaborer les grandes lignes d'un projet ou à faire le point sur une situation, gardez bien à l'esprit toutes les données du problème, puis plongez dans la détente profonde et laissez courir votre imagination. Vous trouverez la façon de développer votre sujet, de mettre sur pied votre projet ou de tirer les conclusions d'une situation délicate.

Pour ce qui est de l'étude, nous verrons un peu plus loin, dans le chapitre traitant de surapprentissage, comment utiliser la relaxation conjointement à un ensemble d'autres éléments afin de bien ancrer les connaissances dans la mémoire à long terme.

Maintenant que nous comprenons bien l'intérêt de la relaxation dans l'apprentissage et dans tout travail d'ordre intellectuel, voyons comment se relaxer.

Il existe plusieurs techniques de relaxation. Il serait inopportun de se lancer ici dans une description exhaustive de ces différentes techniques. Nous en retiendrons deux qui, au fil des années, se sont révélées efficaces pour provoquer ces états que nous recherchons et qui sont relativement faciles à maîtriser: le «training» autogène de Schultz et la détente cérébrale.

LE «TRAINING» AUTOGÈNE

Le «training» autogène fut développé dans les années 30 par un médecin allemand, le Dr Johanes Schultz. Dans le cadre de sa pratique, le Dr Schultz utilisait l'hypnose. Il en vint un jour à se demander s'il ne serait pas possible de provoquer par simple suggestion un état voisin de l'hypnose dans lequel la personne demeurerait tout à fait consciente. Il se mit alors à observer les diverses modifications physiologiques et sensorielles qui surviennent lorsqu'un individu entre dans un état hypnotique profond.

En premier lieu, le patient ressent une lourdeur dans ses membres, ses jambes, et ses bras sont lourds et mous. Puis, tranquillement, s'installe une sensation de chaleur accompagnée d'un léger engourdissement. La lourdeur, la chaleur et l'engourdissement peuvent devenir tels qu'il est possible de perdre, d'un point de vue sensoriel, tout contact avec la réalité. La personne peut ne plus sentir ses membres, les percevoir comme difformes ou dans une position autre que leur position réelle. Puis, plus elle descend pour ainsi dire dans l'état hypnotique, plus la perception des battements cardiaques s'intensifie et se propage dans le corps entier. Ensuite, une chaleur se développe au niveau du plexus solaire qui se répand tranquillement dans tout l'abdomen. L'individu est alors dans un profond état d'hypnose.

Le Dr Schultz amena plusieurs de ces patients à vivre ainsi ces différentes étapes sans avoir recours à l'hypnose et à atteindre des états de relaxation très profonds tout en demeurant conscients. Il observa que dans ces conditions, toute visualisation devenait percutante et que tout travail sur soi s'accélérait. Il permit ainsi à plusieurs patients de s'autoguérir, voire de se débarrasser de maladies considérées comme incurables, ou d'éliminer des problèmes comme la timidité, le manque de confiance en soi ou la tendance à se mettre en colère.

Voici en détail le déroulement d'une détente par le «training» autogène. Le texte est présenté de façon à ce que vous puissiez l'enregistrer sur cassette et à en faire une séance de relaxation dirigée. Ce texte peut évidemment servir de canevas sur lequel vous pourrez construire vos propres séances de détente personnelles.

Étendez-vous confortablement sur un tapis ou dans un fauteuil si vous avez tendance à vous endormir facilement. Couvrez-vous légèrement si vous craignez d'avoir froid. Mettez une musique de fond, celle de votre choix, ou idéalement une musique baroque ayant un rythme de 56 à 60 battements par minute. Cette musique favorise une profonde détente et une bonne concentration. (Nous aborderons ce sujet au chapitre suivant.)

Faites quelques respirations profondes en répétant mentalement à l'**inspiration:**

J'absorbe l'air. Je suis rempli(e) de cette énergie qui m'apporte calme, détente et vigilance.

Pendant la **rétention,** affirmez :

Je fixe en moi cette énergie qui inonde mon corps et mon esprit.

À l'**expiration,** affirmez :

Je rejette l'air chargé d'impuretés et je m'installe dans la paix, le calme et la sérénité.

Inspirez profondément, sans forcer, et expirez le plus lentement possible.

Enregistrez sur cassette ces différentes affirmations autant de fois que vous le désirez. Cette respiration prédispose grandement à la relaxation.

Puis, affirmez :

Je porte mon attention sur mon bras droit. Mon bras droit est lourd et mou.

Mon bras droit est lourd et mou, complètement détendu, complètement décontracté.

Mon bras droit est lourd et mou.

Mon bras droit repose très lourdement sur le sol, complètement détendu.

Je porte mon attention sur les points d'appui de mon bras droit sur le sol, au niveau de la main, du coude, de l'épaule, et je prends conscience de la lourdeur de mon bras sur le sol.

Mon bras droit est lourd et mou, complètement décontracté, complètement détendu.

Ne faites aucun effort particulier pour sentir votre bras lourd et mou, laissez-vous tout simplement imprégner par la suggestion et observez les tensions se dissiper et la détente s'installer.

[Pause]

Puis, je porte mon attention sur mon bras gauche. Mon bras gauche est lourd et mou.

Mon bras gauche est lourd et mou, complètement détendu, complètement décontracté.

Mon bras gauche est lourd et mou.

Mon bras gauche repose très lourdement sur le sol, complètement détendu.

Je porte mon attention sur les points d'appui de mon bras gauche sur le sol, au niveau de la main, du coude, de l'épaule, et je prends conscience de la lourdeur de mon bras sur le sol.

Mon bras gauche est lourd et mou, complètement décontracté, complètement détendu.

[Pause]

Puis, je porte mon attention sur ma jambe droite. Ma jambe droite est lourde et molle.

Ma jambe droite est lourde et molle, complètement détendue, complètement décontractée.

Ma jambe droite est lourde et molle.

Ma jambe droite repose très lourdement sur le sol, complètement détendue.

Je porte mon attention sur les points d'appui de ma jambe droite sur le sol, au niveau du talon, du mollet, de la cuisse, et je prends conscience de la lourdeur de ma jambe sur le sol.

Ma jambe droite est lourde et molle, complètement décontractée, complètement détendue.

[Pause]

Puis je porte mon attention sur ma jambe gauche. Ma jambe gauche est lourde et molle.

Ma jambe gauche est lourde et molle, complètement détendue, complètement décontractée.

Ma jambe gauche est lourde et molle.

Ma jambe gauche repose très lourdement sur le sol, complètement détendue.

Je porte mon attention sur les points d'appui de ma jambe gauche sur le sol, au niveau du talon, du mollet, de la cuisse, et je prends conscience de la lourdeur de ma jambe sur le sol.

Ma jambe gauche est lourde et molle, complètement décontractée, complètement détendue.

[Pause]

Tranquillement, cette détente et cette sensation de lourdeur se répand dans mon bassin, mon abdomen et ma cage thoracique. Tous les muscles de mon abdomen et de ma cage thoracique sont complètement décontractés, complètement détendus.

[Pause]

Je porte mon attention sur les points d'appui de mon dos au sol et je prends conscience de la lourdeur de mon corps. Je sens les tensions qui, une à une, s'évanouissent pour faire place à une profonde détente.

[Pause]

La détente inonde tranquillement mon visage. Mon visage est complètement détendu. Mes mâchoires sont bien relâchées, bien détendues. Mes paupières reposent légèrement sur mes yeux, complètement relâchées, dans la détente et le confort. Tous les muscles de mon front et de mon crâne sont complètement détendus.

[Pause]

Ma tête, mon cou, ma nuque, mes épaules, mon dos, mon abdomen, mes bras, mes jambes, tout mon corps repose lourdement sur le sol, complètement détendu, complètement décontracté.

[Pause]

Je prends quelques instants pour goûter à cette détente qui régénère et rafraîchit mes facultés intellectuelles et tout mon organisme.

[Pause]

Puis, tranquillement, je sens une chaleur qui m'envahit, accompagnée d'un léger engourdissement. Mon bras droit est chaud et engourdi. Je sens la chaleur qui gagne tranquillement mon bras droit, accompagnée d'un léger engourdissement. Cette sensation est très agréable. Mon bras droit est chaud et engourdi. Mon bras droit est à ce point engourdi que je le sens de moins en moins. Mon bras droit devient de plus en plus une masse sans forme qui repose lourdement sur le sol.

[Pause]

Puis, à son tour, mon bras gauche est chaud et engourdi. Je sens la chaleur, qui gagne tranquillement mon bras gauche, accompagnée d'un léger engourdissement. Cette sensation est très agréable. Mon bras gauche est chaud et engourdi. Mon bras gauche est à ce point engourdi que je le sens de moins en moins. Mon bras gauche devient de plus en plus une masse sans forme qui repose lourdement sur le sol.

[Pause]

Puis, tranquillement, ma jambe droite devient chaude et engourdie. Je sens la chaleur qui gagne tranquillement ma jambe droite, accompagnée d'un léger engourdissement. Cette sensation est très agréable. Ma jambe droite est chaude et engourdie. Ma jambe droite est à ce point engourdie que je la sens de moins en moins. Ma jambe droite devient de plus en plus une masse sans forme qui repose lourdement sur le sol.

[Pause]

Puis, à son tour, ma jambe gauche devient chaude et engourdie. Je sens la chaleur qui gagne tranquillement ma jambe gauche, accompagnée d'un léger engourdissement. Cette sensation est très agréable. Ma jambe gauche est chaude et engourdie. Ma jambe gauche est à ce point engourdie que je la sens de moins en moins. Ma jambe gauche devient de plus en plus une masse sans forme qui repose lourdement sur le sol.

[Pause]

Je porte mon attention sur les battements de mon cœur. Je sens mon cœur qui bat de plus en plus fort, calmement, régulièrement. Je sens les battements de mon cœur dans toute ma cage thoracique, dans mes bras, dans mes mains, dans mes jambes. Je sens mon cœur battre jusqu'au bout des doigts et des orteils. Je sens mon corps entier battre au rythme de mon cœur.

[Pause]

Puis, tranquillement, se développe une chaleur au niveau du plexus solaire. La chaleur est douce, de plus en plus intense. Cette chaleur se répand tranquillement dans tout mon abdomen. Cette chaleur est très agréable.

[Pause]

Je prends quelques instants pour goûter à cette profonde détente.

Vous pouvez terminer votre séance en vous faisant des suggestions pour les séances suivantes.

Affirmez :

Plus je me détends, plus il m'est facile d'atteindre des états de profonde relaxation. Mon corps, mon esprit, tout mon être est de plus en plus détendu, décontracté et serein.

LA DÉTENTE CÉRÉBRALE

La détente cérébrale s'inspire de l'approche développée par l'Institut Monroe sur lequel nous dirons quelques mots au chapitre suivant.

Cette technique consiste à détendre chacune des parties de la tête : les mâchoires, les joues, les paupières, le cuir chevelu, les oreilles, le cou, la nuque, etc.; elle fait pénétrer mentalement cette détente jusqu'au cerveau, fait baigner le cerveau dans cette détente et lui «donne l'ordre» de projeter la détente dans chacune des parties du corps.

Tout comme le «training» autogène, la détente cérébrale fait appel à l'autosuggestion. Cette technique de relaxation peut également aider à développer l'attention et la concentration. Si le «training» autogène a tendance à vous faire glisser lentement vers le sommeil, la détente cérébrale pourrait vous aider à vous détendre tout en conservant une bonne vigilance mentale.

Encore une fois, la relaxation est structurée de façon à pouvoir être enregistrée sur cassette pour vous faire une séance de détente dirigée. Vous pouvez la modifier à votre guise.

Installez-vous confortablement, étendu par terre ou assis dans un fauteuil. Mettez une musique qui prédispose à la détente. Faites quelques respirations profondes accompagnées des affirmations mentionnées dans la technique du «training» autogène.

[Pause]

> *Mes paupières sont lourdes et reposent, sans tension, sur mes yeux. Les muscles de mes paupières et de mes yeux sont bien détendus, bien décontractés. Je sens la détente qui s'installe doucement sur mes paupières et sur mes yeux.*

[Pause]

> (Servez-vous des pauses que vous prolongerez à votre guise pour répéter mentalement les affirmations.)

> *Mes mâchoires sont bien décontractées, bien détendues. Tous les muscles de mes mâchoires sont détendus, relâchés. Toute tension disparaît pour laisser place à une profonde détente.*

[Pause]

> *Ma langue est détendue, elle repose doucement sur le palais. Tous les muscles de ma mâchoire et de ma bouche sont bien relâchés, bien détendus.*

[Pause]

Mes joues et tous les muscles de mon visage sont complètement détendus. Je sens le calme et la détente qui s'installent sur mon visage. Mon visage reflète le calme, la détente et la sérénité.

[Pause]

Ma nuque et mon cou sont complètement détendus. Tous les muscles de mon cou et de ma nuque se relâchent et se détendent.

[Pause]

Tous les muscles de mon cuir chevelu et de ma tête se relâchent et se détendent, favorisant une profonde détente mentale. Toute ma tête baigne dans une profonde et agréable détente.

[Pause]

Tranquillement, cette détente se répand et pénètre mon cerveau. Mon cerveau est baigné par cette profonde détente. Je sens cette détente qui se répand dans toute ma tête et me procure une profonde détente mentale. Mon cerveau et tout mon système nerveux sont baignés de cette profonde détente.

[Pause]

Je projette cette détente dans les différentes parties de mon corps. À travers mes nerfs qui baignent dans le repos et la détente, je projette cette détente dans mes épaules...

Épaules, vous vous détendez... Épaules, détendez-vous. Muscles des épaules, relâchez-vous.

[Pause]

Puis, je projette ma détente dans mon bras droit. Bras droit, tu te détends, tu te relâches. Muscles de mon bras droit, relâchez-vous, détendez-vous.

[Pause]

Bras gauche, tu te détends, tu te relâches. Muscles de mon bras gauche, relâchez-vous, détendez-vous.

[Pause]

Muscles de mon thorax, détendez-vous. Mon cœur, mes poumons, vous vous détendez, vous vous relâchez. Mon cœur, tu bats lentement et régulièrement; ma respiration est lente et régulière. Tous les muscles de ma poitrine, relâchez-vous, détendez-vous.

[Pause]

Muscles de mon abdomen, détendez-vous, relâchez-vous. Tous les muscles et tous les organes de mon abdomen, vous vous détendez, vous vous relâchez.

[Pause]

Muscles de mon bassin, vous vous relâchez. Tous les muscles et tous les organes de mon bassin, vous vous détendez, vous vous relâchez.

[Pause]

Puis, je projette ma détente dans ma jambe droite. Jambe droite tu te détends, tu te relâches. Muscles de ma jambe droite, relâchez-vous, détendez-vous.

[Pause]

Jambe gauche, tu te détends, tu te relâches. Muscles de ma jambe gauche, relâchez-vous, détendez-vous.

Tous les muscles de mes jambes sont bien relâchés, bien détendus.

Mon corps entier est baigné de cette profonde détente qui régénère mon corps et mon esprit. Mon cerveau est détendu et mon visage reflète le calme et la sérénité.

[Pause]

Je suis prêt à libérer et à exprimer tout mon potentiel d'apprentissage ainsi que mon potentiel intellectuel... Tout mon potentiel d'apprentissage s'exprime librement dans la détente et le plaisir.

Maintenant que vous avez choisi la technique de détente qui vous convient le mieux, pratiquez-vous tous les jours jusqu'à ce que vous puissiez atteindre les états les plus profonds de relaxation en quelques secondes. Avec le temps, vous parviendrez à atteindre ces états en comptant, par exemple, jusqu'à trois.

Chaque fois que vous aurez à étudier, à vous installer pour écrire un texte ou une lettre ou à vous adonner à l'apprentissage d'une nouvelle langue, prenez le temps de bien vous détendre. Pour réviser, détendez-vous et revoyez la matière à intégrer sous forme de visualisation.

Nous verrons, au cours des chapitres suivants, comment la relaxation peut être utilisée conjointement à la musique et à la respiration pour intégrer une quantité impressionnante de connaissances.

Chapitre 6

L'UNIVERS DE LA MUSIQUE

Tout ce qui nous entoure nous affecte d'une manière ou d'une autre : les couleurs, les parfums, les sons et nous en sommes le plus souvent inconscients.

Charles Baudelaire, dans l'un de ses plus beaux poèmes, écrivait :

La Nature est un temple où de vivants piliers
Laissent parfois sortir de confuses paroles;
L'homme y passe à travers des forêts de symboles
Qui l'observent avec des regards familiers.

Comme de longs échos qui de loin se confondent
Dans une ténébreuse et profonde unité,
Vaste comme la nuit et la clarté;
Les parfums, les couleurs et les sons se répondent.

Il est des parfums frais comme des chairs d'enfant,
Doux comme des hautbois, verts comme des prairies;
Et d'autres, corrompus, riches et triomphants,

Ayant l'expansion des choses infinies,
.Comme l'ambre, le musc, le benjoin et l'encens,
Qui chantent le transport de l'esprit et des sens.

Tout ce qui pénètre par les portes des sens nous transforme. Les couleurs agissent sur le corps et l'esprit. Par exemple, le rouge porte à l'action. Vous n'avez qu'à penser au toréador. Le bleu et l'oranger portent à la détente et favorise la guérison. Le jaune facilite la concentration et l'étude.

D'un point de vue phylogénétique, l'odorat est le sens le plus ancien et la mémoire olfactive la mémoire sans doute la plus développée. Tout comme les couleurs, les odeurs ont un certain effet sur notre humeur et notre état intérieur à cause des associations mémorielles qu'elles provoquent et de par leur nature même. Les odeurs de lavande, par exemple, portent au calme et à l'harmonie. Les odeurs de citron ajoutent à ce calme et à cette harmonie un soupçon de légèreté. Les odeurs de verveine rendent joyeux. Les odeurs de vanille, de muscade et de coriandre favorisent la concentration et l'activité intellectuelle. Les odeurs de cannelle entraînent l'activité et la persévérance. Les odeurs d'orchidée de même que celles de l'ambre portent à l'intériorité et au recueillement.

L'ouïe est un sens souvent négligé. La multitude de sons qui sollicitent constamment l'oreille agit, de façon inéluctable, sur le système nerveux. S'il est souvent difficile de se soustraire à certaines influences sonores, au moins pouvons-nous nous réjouir de pouvoir modifier notre environnement immédiat grâce à la musique.

Étudions brièvement la musique et voyons le rôle important qu'elle occupe dans une démarche pour favoriser la concentration et l'apprentissage.

Dans sa *République,* Platon mentionne qu'il est impossible pour une société de changer de style de musique sans en perturber les institutions politiques. Il affirme également que *le rythme et l'harmonie touchent profondément l'âme et c'est là qu'elle trouve sa plus grande résonance, faisant émerger cette grâce du corps et de l'esprit que l'on retrouve seulement chez celui qui a reçu une bonne éducation.*

Dans la *Bible*, il est écrit que le roi Saül, lorsqu'il était tourmenté par des esprits mauvais, faisait venir David... *Ainsi, chaque fois que l'esprit de Dieu assaillait Saül, David prenait la cithare et il en jouait; alors Saül se calmait, il allait mieux et le mauvais esprit s'écartait de lui.* (I Sam. 16)

Pythagore est sans doute l'un des philosophes qui se sont le plus penchés sur les réalités de l'univers musical. Porphyre, l'un de ses disciples, écrivit : *L'étude qu'a fait Pythagore de la musique portait à l'origine sur certains rythmes et certaines mélodies qui avaient des influences curatives et purificatrices sur les actions et les passions de l'homme, rétablissant la parfaite harmonie des facultés de l'âme.*

La musique agit sur notre psyché de façon indéniable, mais elle influence également le corps au niveau organique. À titre d'exemple, Marin Marais, le célèbre joueur de viole du début du XVIIIe siècle, a écrit une pièce qui porte le titre *Les bizarreries de la goutte*. Cette pièce était sensée soulager de la goutte. L'action de la musique a également été démontrée sur la tension musculaire, la respiration, la digestion et le rythme cardiaque. On rapporte même que trois chefs d'orchestre seraient morts subitement sur scène en dirigeant un même passage du *Tristan* de Wagner. Certaines tribus, comme les Ojibwa, utilisent le chant comme moyen de guérison. Ils s'installent aux pieds du malade et psalmodient des chants qui s'apparentent aux chants grégoriens.

Si on définit les différents paramètres de la musique, on retrouve le rythme, la tonalité ou la fréquence, la mélodie, l'harmonie et le timbre. Tous ces éléments nous intéressent d'une manière ou d'une autre. Reprenons-les et expliquons-les brièvement.

Le **rythme** constitue le cœur de la musique. C'est sans doute l'élément qui nous touche le plus. Tout, dans l'univers, est rythme, période et fréquence, de l'infiniment grand à l'infiniment petit. Du rythme des saisons aux fréquences ondulatoires de la lumière nous transmettant les couleurs, en passant de la rotation de notre planète aux mouvements rythmiques des particules subatomiques, tout dans l'univers possède de façon intrinsèque un rythme, une fréquence, une vibration.

Le corps humain n'échappe pas à cette réalité. Il possède un rythme circadien qui suit le mouvement du soleil; certaines propriétés du système nerveux inhibiteur fluctuent au rythme des saisons; c'est sur la seule base de la fréquence des influx nerveux (et le temps de décharge) que le cerveau traite les milliards de renseignements qu'il reçoit à chaque instant; et il y a, bien sûr, le cœur et la respiration qui rythment la vie animale. En fait, les phénomènes régis par un rythme ou une période sont si nombreux qu'il est désuet de n'en nommer que quelques-uns.

L'intérêt ici réside dans le fait que l'aspect rythmique de la musique agit sur plusieurs paramètres physiologiques. Le cœur aura tendance à suivre le rythme de la musique. Ainsi, une musique de rythme largo (de 56 à 64 battements par minute) entraînera un ralentissement du rythme cardiaque. Un rythme largo agira également sur la respiration en en diminuant et en en régularisant le rythme. En ce qui nous concerne, c'est l'influence du rythme sur les ondes cérébrales qui est intéressant. Mais nous reviendrons sur cet aspect un peu plus loin.

La **tonalité** ou **fréquence** représente en quelque sorte le squelette de la musique. Il s'agit des notes. Il y a sept notes réparties sur six tons et, selon les instruments, sur plusieurs octaves. Certains, tel Aïvanhov, affirment que chaque tonalité agit sur différentes parties du corps. Par exemple, le *sol* agirait sur le cœur, le *ré* sur l'intellect, le *la* sur l'âme et le *mi* sur l'esprit.

De plus, selon les travaux d'Alfredo Tomatis sur lesquels nous reviendrons plus tard, les hautes fréquences (au-dessus de 8 000 Hz) constituent une véritable nourriture pour le cerveau. Des instruments tels que le violon, la flûte, la harpe et le hautbois possèdent dans leur spectre sonore une bonne gamme de hautes fréquences.

La **mélodie** est la combinaison du rythme et des notes. Elle est un acte de création de la part du compositeur et n'a rien de tangible, de défini. Toutefois, elle agit en faisant surgir des images, des sensations; elle entre en contact avec des contenus mémoriels et agit ainsi sur le système nerveux et, par l'entremise de ce dernier, sur le corps tout entier.

Tandis que la mélodie est la succession des notes et des silences selon leur durée et un certain rythme, l'**harmonie** est la résonance simultanée de plusieurs notes qui produit un accord harmonieux. Il y a deux modes à l'harmonie, le majeur et le mineur, qui agissent de façons particulières sur l'esprit. Ainsi, les accords ou les pièces en majeur susciteront la force et prédisposeront à l'action, tandis que les pièces ou les accords en mineur amèneront la douceur. Elles peuvent même provoquer chez certains la tristesse, voire la dépression.

Dernier paramètre de la musique : le **timbre**. Ce dernier est la couleur du son. Une note jouée au piano n'aura pas la même sonorité que si elle était jouée au violon, à la flûte, à la trompette ou même sur certains instruments à percussion. La richesse du son ou le timbre d'un instrument est conséquent au nombre d'harmoniques que génère l'instrument pour chaque note. Les harmoniques sont des sons accessoires ayant des fréquences multiples du son fondamental. Les instruments ayant un timbre très riche possèdent donc des composantes sonores de hautes fréquences. Comme nous le verrons, selon les travaux d'Alfredo Tomatis, ces instruments sont intéressants si l'on veut provoquer des états de grande concentration et de haute réceptivité. Mentionnons encore des instruments comme le violon, la harpe, le hautbois ou la viole.

Maintenant, revoyons brièvement la musique avec un regard scientifique.

Le Français Alfredo Tomatis est sans doute celui qui s'est le plus intéressé à l'ouïe et à l'univers sonore, d'un point de vue scientifique. En effet, il a été l'un des premiers à parler de l'effet des sons et de la voix de la mère sur l'enfant en gestation. Il a démontré entre autres que les sons de hautes fréquences, c'est-à-dire supérieurs à 8 000 Hz, avaient une action relaxante et stimulante sur le cerveau. Les hautes fréquences régénèrent les facultés mentales, tandis que les sons de basses fréquences, c'est-à-dire jusqu'à 2 000 Hz, fatiguent l'organisme et peuvent même être anxiogènes.

S'appuyant sur ces caractéristiques de la musique et sur certains principes neurologiques, Alfredo Tomatis a mis au point toute une thérapeutique permettant de traiter bon nombre de cas de dyslexie ainsi que des fatigues chroniques et des dépressions. Les patients n'ont qu'à s'installer confortablement dans un fauteuil et à écouter, pendant de nombreuses heures, différentes musiques passées à travers certains filtres. De même, sur base des caractéristiques de la musique décrites précédemment, le Dr Tomatis recommandait, pour la concentration et pour la santé en général, la musique de Vivaldi, de Bach et de Mozart, ce dernier étant de loin son préféré. Il accordait également une place privilégiée aux chants grégoriens. Une partie de sa thérapeutique impliquait d'ailleurs le chant.

Un autre volet scientifique concerne les travaux de Robert Monroe conjointement à ceux de Gerald Oster et de Sherry Edwards. Gerald Oster, biophysicien à l'École de Médecine du Mont Sinaï de New York, a mis en évidence le phénomène de «fréquence de battements». Si on fait jouer simultanément deux sources sonores, par exemple une de 50 Hz et l'autre de 60 Hz, il se produit une tonalité qui vacille à une fréquence équivalente à la différence entre les deux sources indépendantes. Ainsi, dans notre exemple, on obtiendrait une tonalité vacillant à 10 Hz. Si ces deux fréquences sonores proviennent de sources externes, tels des haut-parleurs, le son vacillant peut être entendu soit par les deux oreilles, soit par une seule. Dans ce cas, on parle de fréquence de battements **monaurale**. La participation simultanée des deux oreilles n'est pas requise. Par contre, si les deux sources sonores sont appliquées séparément sur chaque oreille, le son vacillant alors perçu est virtuel en ce sens qu'il est une construction du cerveau. On parle alors de fréquence de battements **binaurale**. Ce son est créé par les deux hémisphères qui travaillent simultanément.

Ce principe est à la base de la technique mise au point par Monroe (*Hemi-Sync*)[1]. En exposant les oreilles à deux sources sonores différentes, les deux hémisphères doivent collaborer afin de produire le son résultant qui est entendu. En d'autres mots, aussi étrange que cela puisse paraître, certaines particularités de la musique entendues avec un casque d'écoute ne sont présentes sur aucune des pistes en tant que telles, mais constituent de véritables reconstructions faites par le cerveau. Ces musiques favorisent une bonne harmonisation des hémisphères cérébraux. (Nous avons déjà parlé de l'importance de l'harmonisation des hémisphères pour la concentration et l'acquisition d'informations.)

Les travaux de Sherry Edwards, à l'Université de l'Ohio, ont également mis en évidence un phénomène particulier. Si les deux sources sonores utilisées pour engendrer des fréquences de battements binaurales sont des multiples d'un nombre particulier, ces sons auront tendance à engendrer, au niveau de l'électroencéphalogramme, des ondes cérébrales ayant une fréquence égale à ce nombre. On appelle ce nombre la **fréquence d'entraînement**. Par exemple, si les deux sources utilisées ont des fréquences respectives de 63 Hz et de 70 Hz, tous deux multiples de 7, alors en plus d'engendrer une fréquence de battements de 7 Hz, ces sons provoqueront des ondes cérébrales de type alpha ou thêta. On se souvient que les ondes alpha et thêta sont typiques d'un état de grande réceptivité et de créativité. La fréquence d'entraînement la plus utilisée est celle de 7,8 Hz qui correspond aux ondes alpha, mais cette dernière correspond également à la fréquence de résonance moyenne de l'ionosphère et de la terre. On appelle cette fréquence la **résonance de Schumann**.

La technique de Monroe n'utilise pas que la fréquence d'entraînement de 7,8 Hz, mais aussi des fréquences encore plus basses qui entraînent le cerveau vers les ondes thêta et même delta. En fait, les musiques produites par l'Institut Monroe engendrent simultanément plusieurs fréquences d'entraînement.

Après avoir abordé ces quelques aspects scientifiques de la musique, que pouvons-nous en conclure?

- La musique et les sons nous atteignent bien au-delà de ce que nous pouvons percevoir normalement.

- Les sons de haute fréquence ont des propriétés stimulantes et régénératrices pour l'organisme. Ainsi, des instruments tels que le piano, le violon, la viole, la flûte, la harpe et le hautbois sont à privilégier pour raviver la concentration et les facultés intellectuelles.

- Les musiques ayant un rythme lent, soit un rythme largo de 56 à 64 battements par minute, provoque un ralentissement des rythmes cardiaque et respiratoire, bénéfique pour le corps et l'activité cérébrale.

- Certains types de musique, comme ceux produits par l'Institut Monroe, provoquent l'harmonisation des deux hémisphères cérébraux en les forçant à travailler ensemble et entraînent le cerveau vers des ondes de types alpha, thêta et même delta.

Maintenant, que pouvons-nous dire de plus relativement à l'apprentissage?

Tournons le regard vers les travaux du Dr Lozanov. En s'appuyant sur les recherches du Dr Alfredo Tomatis et sur tout ce que nous avons dit jusqu'à présent, le Dr Lozanov a mis en évidence l'influence très bénéfique d'un certain type de musique sur l'harmonisation des hémisphères cérébraux, la production d'ondes de type alpha et thêta et l'augmentation de la réceptivité et de la concentration, tous des éléments concourant à faciliter l'apprentissage. Cette musique est celle de l'époque baroque, c'est-à-dire du début du XVIIIe siècle, avec des compositeurs tels que Vivaldi, Telemann, Corelli, Haendel, Bach, Haydn, Mozart, de même que certaines pièces de Schumann, de Schubert, de Bizet et de Beethoven.

En fait, la musique baroque possède un rythme et une harmonie quasi mathématiques, déployant une gamme de fréquences, de sons et de rythmes ayant la faculté d'harmoniser le fonctionnement du cerveau dans sa globalité et de produire un état de calme, de vigilance et de réceptivité.

Nous l'avons déjà mentionné, c'est avec l'usage de telles musiques que le Dr Lozanov a réussi des exploits en apprentissage en permettant à certaines personnes d'apprendre une nouvelle langue en quelques semaines, voire quelques jours seulement. À cet effet, il est intéressant de citer ici un passage de sa thèse doctorale :

> *Il peut y avoir différents points de vue concernant la musique utilisée en suggestopédie, et certains pourraient être tentés de changer certaines pièces ou même de changer de type de musique. La musique qui fait partie des cours suggestopédiques est étudiée expérimentalement dans les laboratoires de l'Institut. Elle répond à plusieurs exigences non seulement en ce qui a trait à l'assimilation de l'information, mais également en ce qui concerne son rôle en tant que facteur éducatif, culturel et psychohygiénique. Le fait que certains étudiants n'apprécient pas le genre de musique utilisé n'a guère d'importance. L'effet produit par la musique est indépendant des goûts de l'étudiant. Ainsi nous recommandons de ne pas changer la musique sans faire une étude préliminaire de ses effets éducatifs, de son impact psychohygiénique et de ses qualités esthétiques afin de voir s'ils sont positifs et durables et, bien sûr, s'ils facilitent de façon saine et créative l'assimilation de l'information dans le plaisir et la détente.*

Voici quelques pièces utilisées en suggestopédie :

Haydn, J.

- Symphonie n° 67 en Fa majeur;
- Symphonie n° 69 en Si majeur;
- Concerto n° 1 en Do majeur pour violon et cordes;
- Concerto n° 2 en Sol majeur pour violon et cordes.

Vivaldi, A.

- Cinq concertos pour flûte et orchestre de chambre;
- Les quatre saisons;
- Concerto en Do pour flûte, RV.444;
- Concerto en Do pour hautbois, RV.449;
- Concerto por viole d'amore.

Bach, J.-S.

- Symphonie en Do majeur;
- Symphonie en Ré majeur;
- Fantaisie en Sol majeur;
- Fantaisie en Do mineur.

Bach, J. C.

- Concerto en Do mineur pour violoncelle et orchestre;
- Symphonie en Sol mineur, op. 6, n° 6.

Haendel, G. F.

- Le Water Music;
- Concerto Grosso, op. 3, n° 1, 2, 3, 5;
- Concerto pour orgue et orchestre.

Corelli, A.

- Concerto Grosso, op. 6, n° 3, 5, 8, 9;
- Concerto Grosso, op. 4, 10, 11, 12.

Beethoven, L. v.

- Concerto n° 5 en Mi bémol majeur pour piano et orchestre, op. 73;
- Concerto en Ré majeur pour violon et orchestre.

Ces pièces n'ont pas toutes un rythme largo. Les pièces lentes sont surtout utilisées pour la détente et les concerts passifs. (Nous verrons en quoi consiste plus précisément le concert passif dans un chapitre ultérieur.)

Plusieurs autres expériences ont également été faites par des chercheurs indépendants afin de mettre en évidence le rôle particulier de la musique baroque sur la concentration et l'apprentissage. Ainsi, en 1982, à l'Université du Texas, des chercheurs ont formé deux groupes d'étudiants auxquels ils ont enseigné un certain nombre de mots nouveaux dans une langue étrangère. Le groupe qui a reçu l'enseignement avec le *Water Music* de Haendel comme musique de fond a eu de loin les meilleurs résultats.

Plus récemment, en 1993, un groupe de recherche de l'Université de Irvine, en Californie, a obtenu des résultats similaires en utilisant des pièces de Mozart. Ces chercheurs ont démontré que le fait d'écouter Mozart pendant une vingtaine de minutes augmentait la concentration et l'attention de façon notoire jusqu'à ce qu'un son discordant apparaisse dans l'environnement auditif des étudiants.

D'autres travaux ont également démontré que le simple fait d'écouter de la musique baroque propre à l'apprentissage accéléré diminuait la proportion d'ondes bêta produites par le cerveau et augmentait proportionnellement la production d'ondes alpha et thêta.

Quant à Lozanov, il chérissait surtout Jean-Sébastien Bach, considéré comme le compositeur parfait et dont la musique, selon des spécialistes comme Scott et Aïvanhov, est la plus intellectuelle. Il recommandait également Mozart et Vivaldi, plus particulièrement les pièces de violon, de cordes, de flûte et de piano. De plus, il partageait l'opinion du Dr Alfredo Tomatis sur les vertus des chants grégoriens.

Pour terminer ce tour d'horizon sur la musique, jetons un regard sur l'insolite. Saviez-vous que la musique baroque stimule, de façon étonnante, la croissance des plantes? En effet, ce phénomène est maintenant bien connu et ne relève plus de l'anecdote.

Le Dr T. C. Singh, directeur du département de botanique de l'Université d'Annamalaï, en Inde, a démontré que le violon et la cithare augmentent l'écoulement du protoplasme chez une certaine plante aquatique et en accélère sa croissance. À la fin de ses travaux, dans son rapport scientifique, il affirme avoir *prouvé sans l'ombre d'un doute que les ondes sonores harmoniques affectent la croissance des plantes et la production de fleurs, de fruits et de graines.*

D'autres chercheurs ont démontré que le fait de disposer des enceintes acoustiques dans un champ de façon quadriphonique et de faire jouer de la musique baroque permet d'augmenter les récoltes de 25 % à 60 %. Des résultats similaires ont également été obtenus avec des poules concernant la ponte des œufs de même qu'avec des vaches pour la production de lait.

Peter Belton, chercheur au département de recherche du ministère de l'Agriculture du Canada, a découvert, quant à lui, que les ultrasons permettent de freiner la prolifération de la teigne européenne dans les champs de maïs. Il en a conclu que les ultrasons agissent en «imitant» le cri émis par la chauve-souris qui en est un prédateur. Il s'est aperçu également que les hautes fréquences ont la propriété d'accélérer la croissance du maïs avec une fréquence optimale de 5 000 Hz.

Mais les résultats les plus étonnants et les plus pertinents en ce qui nous concerne ont été obtenus par une jeune étudiante de l'Université de Denver, Dorothy Retallack. Au départ, cette dernière ne voulait que reproduire certaines expériences rapportées par les Indiens et les Soviétiques concernant l'effet de la musique sur la croissance des plantes. Elle a entrepris de faire pousser des courgettes en exposant une plantation à la musique classique et une autre à la musique rock. Les courgettes exposées à la musique classique ont poussé en direction du haut-parleur, tandis que celles exposées à la musique rock ont poussé dans la direction opposée. Les courgettes disposées tout près du haut-parleur d'où sortait la musique classique avaient même tendance à pousser en s'enroulant autour de celui-ci, tandis que celles disposées près de la source de musique rock étaient souvent chétives et avaient peu de racines... lorsqu'elles demeuraient en vie! Imaginez l'influence sur le corps humain!

La musique classique utilisée était celle de compositeurs tels que Bach, Haydn, Beethoven, Brahms et Schubert. Le plus efficace d'entre eux était Bach, qui provoquait une inclinaison des plantes de 35°. Mais, à son grand étonnement, la plus agissante de toutes les musiques fut celle de Ravi Shankar, le célèbre joueur de cithare indien. Sa musique provoqua une inclinaison pouvant atteindre 60°.

La musique de Steven Halpern mérite également d'être mentionnée, plus particulièrement l'album *Spectral Suite*. Lors d'expérimentations empiriques, cette musique a démontré qu'elle favorisait la concentration et la créativité chez les enfants.

Chapitre 7

VISUALISATION ET IMAGERIE MENTALE

Nous avons brièvement abordé la question de la visualisation au chapitre sur la relaxation et nous en reparlerons lorsque nous aborderons la question de la mnémotechnique. Mais le sujet est trop vaste et surtout trop important pour ne pas s'y arrêter davantage. Nous parlerons donc de la visualisation et de l'imagerie mentale comme moyens d'éliminer les barrières à l'apprentissage et d'éveiller tout le potentiel qui sommeille en chacun de nous.

Vous jouez au golf? Au hockey? Vous pratiquez la guitare? Le piano? Vous faites du théâtre? Vous pêchez à la mouche? Vous faites du saut acrobatique? Du plongeon? De la danse?

Prenons le golf. (Tout ce que nous dirons concernant ce sport peut s'appliquer à n'importe quelle autre activité.) Si vous pratiquez ce sport, vous aimeriez sans doute améliorer votre coup de départ, vos coups d'approche et vos performances sur le *green*. Vous pouvez faire tout cela assis confortablement dans votre salon. Voici ce que vous devez faire.

Prenez quelques minutes, voire quelques heures, pour observer ces champions que l'on voit régulièrement à la télévision. Choisissez-en un en particulier qui correspond à votre allure physique et que vous aimez bien. Observez comment il ou elle place ses pieds, comment il ou elle tient son bâton, quelle est sa position de départ, son élan et son mouvement de rotation, son transfert de poids et comment il ou elle termine son coup. Sur le *green*, observez encore la position de ses pieds, de son corps, comment il ou elle tient son bâton, le mouvement de ses épaules pendant le coup, l'amplitude du mouvement et comment il ou elle suit sa balle.

Photographiez mentalement tous ces détails jusqu'à ce que vous ayez bien en tête la totalité du mouvement; jusqu'à ce que votre cinéma mental soit une copie exacte de ce que vous voyez à la télévision. Puis installez-vous confortablement dans un fauteuil ou encore sur le canapé. Entrez en profonde détente, c'est-à-dire soit en ondes alpha ou même thêta, puis imaginez-vous à la place de votre champion(ne) favori(te). Prenez votre bâton et installez-vous sur le monticule de départ. Placez bien vos pieds et, mentalement, reproduisez vous-même son élan et tout son mouvement. Refaites cet exercice dix fois, vingt fois, cent fois, cinq cent fois... jusqu'à ce que votre coup de départ ne soit rien de moins que parfait. Faites de même sur le *green*. Il n'y a

aucun doute, vous verrez les fruits de ce travail lors de votre prochain dix-huit trous!

Tout entraînement mental de cette nature sera aussi bénéfique que si vous vous étiez entraîné(e) réellement, c'est-à-dire en pratiquant sur le terrain, bâton en main. Il en est de même pour toute activité.

Sylvie Bernier, médaillée d'or en plongeon aux Jeux olympiques de Los Angeles, s'était longuement entraînée ainsi, confortablement installée chez elle. La supériorité des Soviétiques dans les années 60 était due aussi à l'utilisation intense qu'ils faisaient de la visualisation.

Combien de prisonniers de guerre et de soldats affectés au front ont conservé leur moral en s'imaginant constamment auprès de leur famille? Qu'avaient-ils de différents des autres, sinon l'usage qu'ils faisaient de la visualisation afin de fausser la réalité en se construisant tout un univers mental.

N'y a-t-il pas l'histoire de cet homme enfermé pendant de nombreuses années dans un cachot à peine plus grand qu'un casier et qui conserva son moral pendant toute la durée de son emprisonnement. À la fin de la guerre, il confia qu'il avait gardé «la forme» en faisant tous les jours mentalement un dix-huit trous au golf. Près de six heures de visualisation quotidienne à voir le soleil mentalement, à respirer l'air à pleins poumons, à marcher au grand air... Quand il reprit les bâtons de golf et joua réellement une partie, c'était comme s'il n'avait jamais cessé.

Jeunes, beaucoup de gens ont peur lorsqu'ils se retrouvent seuls dans le noir. Pourtant, le plus souvent, il n'y a strictement rien qui puisse leur faire peur. Cette peur est le fruit d'une crainte, d'une appréhension, bref, d'une construction de l'esprit.

Les exemples mentionnés ici ont pour but de nous faire comprendre à quel point tout ce qui se passe dans notre esprit a parfois plus d'influence que ce qui se passe dans la réalité. La Bruyère, philosophe du XVIIe siècle, écrivait : *L'homme se préoccupe beaucoup plus de l'opinion qu'il se fait d'une chose que de la chose elle-même.* Notre perception de la réalité l'emporte sur la réalité elle-même.

Comment pouvons-nous appliquer tout ce qui vient d'être dit à ce qui nous concerne plus particulièrement, c'est-à-dire l'apprentissage?

Chaque fois que vous aurez une quelconque matière à étudier, une nouvelle langue à apprendre, une conférence ou un examen à préparer, visualisez-vous comme si vous étiez dans la situation elle-même; imaginez-vous comme si vous utilisiez déjà ces connaissances. Par exemple, visualisez-vous mentalement dans la salle où vous passerez votre examen, où vous donnerez votre conférence et voyez-vous en train d'exceller. Préparez tout ce que vous avez à faire par la visualisation.

La visualisation permet en quelque sorte de vivre à l'avance les événements, de réagir avant coup aux situations éventuelles. Nous l'avons vu, cette préparation mentale aura à peu près autant d'effets, sinon plus, que si vous aviez déjà vécu l'événement.

Vous devez préparer une conférence? En état de profonde détente, voyez-vous en train de la donner avec prestance et éloquence. Voyez tous ces visages qui vous regardent, absorbés par vos propos. Voyez l'aisance avec laquelle vous exposez vos positions, votre point de vue et vos connaissances. Revoyez mentalement toutes ces connaissances et exposez-les-vous clairement. Visualisez un canevas mental schématisant le déroulement de votre conférence.

Vous préparez un examen d'anatomie? Embarquez à bord d'un minuscule vaisseau que l'on injecte dans le corps à l'aide d'une seringue comme dans le film *The Inner Space* et observez tout ce que vous y voyez. Dans l'abdomen, par exemple, voyez le pancréas sous la cage thoracique, un peu sur la gauche, appuyé contre l'estomac. Son extrémité latérale repose sur le rein gauche et sur la rate. Ce même rein gauche est appuyé contre le diaphragme et se trouve délicatement massé à chaque respiration. À droite de l'estomac se trouve le foie, appuyé contre le diaphragme et contre le rein droit, qui est également appuyé contre le diaphragme. Sous tous ces organes se trouvent les intestins, etc.

Vous préparez un examen de comptabilité? Vous connaissez déjà sans doute la matière que vous devez maîtriser. Alors, visualisez-vous en charge de la comptabilité d'une grande entreprise en train d'utiliser efficacement toutes vos connaissances à bon escient.

Vous préparez un examen d'histoire? Nous en avons déjà glissé quelques mots lorsqu'il a été question des grands voyages de Jacques Cartier. Visualisez-vous en train de vivre les événements historiques dans leur contexte géographique, social et temporel. Connaissant les circonstances, qu'auriez-vous fait à la place de tel ou tel personnage? Vous ferez ainsi de votre écran mental un véritable livre ou film historique.

Vous avez peur de retourner aux études? Nous ferons alors appel à une autre forme de visualisation, soit l'imagerie mentale. La visualisation est la construction d'images, tandis que l'imagerie mentale fait référence à l'évocation d'images appartenant au passé. Par exemple, si vous avez peur de retourner aux études ou si vous n'aimez tout simplement pas l'école, c'est sans doute que vous associez les études à quelques expériences désagréables que vous avez connues antérieurement. Il est possible que vous ayez complètement oublié ces expériences, mais elles ne cessent néanmoins de vous affecter. Vous n'aimez pas les mathématiques? Fouillez dans votre mémoire pour voir si, par exemple, un enseignant ne vous a pas fait perdre tout plaisir à faire des mathématiques par une remarque désobligeante. Vous êtes nul en dessin? En une heure à peine, il est possible de faire de vous un très bon dessinateur. Sans doute a-t-on déjà tourné en ridicule l'un de vos dessins ratés et votre attitude de «je ne suis pas bon en dessin» n'a été qu'un moyen de défense pour vous protéger d'un échec éventuel.

L'imagerie mentale peut être utilisée pour atteindre deux objectifs. Premièrement, évoquer des expériences passées afin de mettre le doigt sur ces événements souvent anodins, mais qui sont néanmoins la cause d'un manque de confiance et de bon nombre de blocages à l'apprentissage. Deuxièmement, évoquer des souvenirs d'apprentissages réussis afin de bien prendre conscience que nous avons tous de grandes capacités qui ne demandent qu'à s'exprimer librement.

Vous considérez que vous avez des problèmes d'apprentissage? Vous n'aimez pas les mathématiques? Le français? L'histoire? Installez-vous confortablement dans un fauteuil ou étendez-vous sur un canapé. Faites une détente profonde. Puis concentrez-vous sur ce problème ou cette matière qui vous cause tant de soucis. Observez bien la première image qui vous vient à l'esprit. Fixez toute votre attention sur cette image et, par association, laissez-vous guider vers un souvenir qui, très bientôt, prendra un sens particulier pour vous. Ce souvenir peut vous paraître bien banal dans votre tête d'adulte, mais gardez à l'esprit que c'est l'enfant que vous étiez qui en fut marqué. Percevez ce souvenir à travers les yeux et le vécu d'un enfant. À présent, voyez-vous mieux en quoi l'événement fut déterminant?

Il est possible qu'aucune image ne surgisse. Demeurez vigilant. Elle pourrait très bien surgir dans les jours qui viennent, au volant de votre voiture, dans le métro, en train de préparer le repas ou au lit avant de vous endormir. Encore une fois, dites-vous bien que l'image qui vous viendra à l'esprit sera toujours liée de près ou de loin à l'événement qui est à la source du blocage mental. En pensant à votre problème ou à cette matière qui vous hante, les images qui surgiront seront nécessairement liées à la cause de vos soucis. Comme nous l'avons déjà mentionné, nos blocages ont très souvent pour cause des événements bien anodins, mais qui, perçus à travers l'expérience ou l'insécurité d'un enfant, ont pris une importance démesurée.

Une fois l'événement conflictuel remis en mémoire, une fois que vous aurez compris sur quoi s'appuie votre blocage, demandez à votre mémoire de vous rappeler un souvenir d'un apprentissage réussi. Il est impossible que vous n'en ayez pas. N'y a-t-il pas une recette que vous avez faite récemment et que vous avez à ce point appréciée que vous l'avez retenue dans les moindres détails? Votre coup de départ au golf, ne l'avez-vous pas amélioré avec une rapidité remarquable? N'avez-vous pas, lors de votre dernier voyage à l'étranger, appris rapidement un bon nombre de mots nouveaux? Ce film que vous avez tant aimé, ne pouvez-vous pas le raconter dans ses moindres détails? Vous voyez que l'apprentissage représente bien plus que ce que nous apprenons sur les bancs d'école. L'apprentissage accompagne chaque instant de notre existence et nous avons tous de grandes aptitudes pour apprendre, sinon nous ne pourrions vivre dans un monde en constante évolution.

Revenons à l'imagerie mentale. Fixez-vous sur le souvenir d'un apprentissage réussi. Prenez conscience de tout ce potentiel d'apprentissage qui dort en vous et qui ne demande qu'à s'exprimer. Imprégnez-vous de cette satisfaction, de cette joie

d'avoir appris quelque chose avec une efficacité et une rapidité étonnante. Affirmez mentalement : «Tout mon potentiel d'apprentissage s'exprime librement dans la détente et le plaisir. Tous mes blocages à l'apprentissage sont éliminés; ils n'ont plus leur place; tout mon potentiel s'exprime librement.» Puis terminez cet exercice en vous visualisant en train d'exceller dans ce domaine qui vous était jusqu'à présent proscrit, en train d'aimer faire des mathématiques, du français ou de l'histoire, et voyez toutes les retombées favorables liées à ces nouvelles connaissances.

Tout comme nous l'avons fait avec la relaxation, vous pouvez enregistrer sur cassette une séance d'imagerie mentale comme celle que nous venons de décrire, suivie d'une visualisation vous portant vers la réussite.

Souvenez-vous que toute expérience vécue intensément dans l'intimité de votre esprit aura presque autant d'influence sur votre devenir qu'un événement réel. Les associations que l'on fait parfois entre certains événements sont souvent la cause de bien plus de maux que les événements eux-mêmes. Inversement, toute expérience agréable vécue intensément par le biais de la visualisation aura une influence déterminante sur votre devenir.

Après avoir compris l'importance de la visualisation, nous sommes maintenant prêts à aborder la mnémotechnique.

Chapitre 8

LA MNÉMOTECHNIQUE

Nous abordons maintenant l'une des parties les plus déterminantes de l'apprentissage accéléré : la mnémotechnique. Par l'harmonisation des hémisphères cérébraux, la détente, la musique et la visualisation, nous avons créé un état de grande réceptivité. Nous avons en quelque sorte préparé le terrain pour recevoir les graines de connaissance. À présent, nous allons voir comment déposer ces semences dans les terres fertiles de la mémoire.

L'étymologie du mot **mnémotechnique** nous vient de la mythologie grecque où *Mnémosyne*, fille d'Ouranos, le dieu du ciel, est la déesse de la mémoire. La mnémotechnique peut être définie comme un ensemble de gestes mentaux ou, si l'on veut, comme une gymnastique mentale permettant de s'approprier l'information et de la faire sienne, puis de l'intégrer de façon à pouvoir la manipuler et y avoir accès à volonté. La mnémotechnique est donc l'art de recevoir l'information et, par un jeu mental, de la fixer dans la mémoire à long terme.

Évidemment, il n'y a pas qu'une façon de manipuler l'information, aussi plusieurs éléments composent-ils cet ensemble qu'est la mnémotechnique. Faisons le tour de ces différents éléments en commençant par un des aspects les plus importants, car il supporte tout processus de mémorisation ou de réflexion : l'**attention** et la **concentration**.

ATTENTION ET CONCENTRATION

Outre les cas de sénilité dégénérative, les troubles réels de la mémoire sont plutôt rares. Le problème est davantage relié à l'**attention** et au **rappel**. Comme le disait Samuel Johnson : *L'art de la mémoire n'est que l'art de l'attention.*

Le taux de rétention d'une information et la facilité à en faire le rappel est directement proportionnel à l'attention déployée au moment où cette information est reçue. Nous manquons trop souvent d'attention au moment même où une information nous est présentée. Nous ne sommes pas entièrement présents pour l'accueillir et l'intégrer. Nous avons cette habitude, cultivée sans doute par une certaine paresse mentale, de laisser gambader notre esprit entre le passé et le futur, le réel et l'imaginaire, le probable et l'incertain, les doutes et les peurs; bref, les pensées surgissent sans arrêt dans notre esprit et ne laissent que peu de place à l'information qui nous est présentée.

Par exemple, pendant une conférence de 90 minutes, le temps d'attention totale ne s'élève souvent qu'à quelques minutes. Il est alors tout à fait normal de ne retenir que quelques bribes de ce qui est exposé. Dans cet état d'attention mitigée, l'information peut très bien être déposée dans notre mémoire à long terme, mais elle l'est alors de façon désordonnée, sans liens d'association nous permettant de la retrouver après coup. C'est un peu comme si nous déposions pêle-mêle des bouts de papier dans un sac; tout y est, mais il est difficile de s'y retrouver! Comme nous l'avons dit, le problème de mémoire en devient alors un de rappel.

Cette distinction entre mémoire et rappel est évidente pour quiconque a poursuivi une thérapie par régression. Si l'on vous met sous hypnose ou si vous faites une régression jusque dans la petite enfance, vous serez surpris de la quantité de souvenirs qui demeurent confinés dans votre mémoire. En fait, chaque seconde de notre existence est enregistrée dans cette mémoire à laquelle nous avons accès. Malheureusement, le manque d'attention face à l'instant présent fait en sorte que beaucoup de ces souvenirs demeurent sans attaches, sans liens d'ancrage, sans «étiquettes» et qu'il est alors difficile de les rappeler à la conscience.

Tout comme pour la question de l'oculomotricité que nous avons abordée au tout début du livre (à savoir qu'aucune technique d'apprentissage accéléré ne sera d'un grand secours si les yeux ne travaillent pas en harmonie), un problème d'attention et de concentration rendra inefficace toute technique, aussi bonne soit-elle.

COMMENT DÉVELOPPER SA CONCENTRATION?

Il existe plusieurs moyens de développer la concentration, mais tous peuvent se résumer à ces deux mots : être présent.

Premier moyen, le **«training» autogène**. La pratique du «training» autogène nécessite d'être présent, sinon l'esprit part en rêverie et l'exercice n'est autre qu'une simple détente; ce qui est très bien, mais qui n'est pas notre objectif. La pratique du «training» autogène aidera à développer une bonne concentration.

Second moyen, faire **le rappel des événements de la journée**. Pythagore disait dans ses merveilleux vers dorés : *Ne permets pas que le doux sommeil se glisse sous tes yeux avant d'avoir examiné chacune des actions de la journée. En quoi ai-je fauté? Qu'ai-je fait? Qu'ai-je omis de ce qu'il fallait faire? Commence par la première pour toutes les parcourir et si tu trouves que tu as commis des fautes, gourmande-toi; mais si tu as bien agi, réjouis-toi.*

En plus d'être un exercice salutaire d'introspection et d'observation de soi, le fait de s'entraîner ainsi à se souvenir de toutes ses actions de la journée dans leurs plus fins détails est un puissant moyen de développer la concentration et la mémoire. Mère, la respectée collaboratrice de Shri Aurobindo, recommandait le rappel de tous les événements de la journée comme un exercice quotidien préparant à la méditation.

Troisièmement, les **jeux mentaux**. Jerry Lucas, dont la mémoire phénoménale lui a valu de nombreuses apparitions télévisées au cours desquelles il est allé jusqu'à mémoriser, en quelques minutes seulement, les noms et les visages de plusieurs centaines de personnes, nous décrit ainsi le moyen par lequel il est arrivé à développer de telles facultés :

> *Lorsque j'étais enfant, j'avais toujours l'esprit préoccupé. Je ne peux me souvenir d'un moment où mon esprit n'était pas engagé dans une activité quelconque, occupé à parler à quelqu'un ou pris dans un jeu mental de mon invention.*
>
> *[...] Pendant les longs voyages en automobile, le fait que je tape du pied et que je bouge sans cesse m'attirait les "calme-toi un peu" de mes parents. Je me souviens, un jour, après un de ces avertissements, d'avoir vu une enseigne de SHELL et de m'être dit: "Qu'est-ce que j'obtiendrais si je plaçais les lettres de SHELL en ordre alphabétique?" J'ai mentalement permuté les lettres pour obtenir "EHLLS". Depuis, je me suis sans cesse amusé à ce jeu.*

Ainsi, en quelques secondes, «Nabucodonosor» devenait dans son esprit «Abcdnnoooorsu», «maison à vendre», «aàdeeimnnorsv» et «stationnement interdit», «adeeeiiimnnnnnorsttttt»! Inutile de souligner le degré de concentration nécessaire pour s'adonner à un tel jeu. Chacun est libre de s'en inspirer pour structurer son propre entraînement.

Quatrièmement, le **yoga**. En général, le yoga est reconnu comme un moyen exceptionnel pour développer la concentration. La posture de l'arbre est particulièrement très efficace pour développer la concentration et l'attention. Pour conserver l'équilibre, il est nécessaire, au début du moins, d'être vigilant et attentif au moment présent. Faites cet exercice pieds nus et maintenez la posture le plus longtemps possible.

Si vous étiez doué pour ce genre d'exercice, vous pourriez vous installer devant le téléviseur et prendre la posture de l'arbre pendant toute la durée de votre émission préférée! Il existe également certains jeux d'habileté comme le *Wobbler* (Équiroule)[1] qui consiste à faire circuler une balle dans un labyrinthe sur lequel vous vous tenez debout en équilibre. Ce jeu exige, d'une part, un travail précis de la fine musculature responsable de l'équilibre et, d'autre part, une concentration intense.

Il existe ainsi de nombreux jeux d'adresse qui, en plus de développer l'attention, amuseront les jeunes et les moins jeunes. En outre, plusieurs de ces jeux ont la particularité d'entraîner les deux hémisphères cérébraux à travailler ensemble, en harmonie.

Finalement, mentionnons la **méditation** (que ce soit l'observation passive de la respiration ou la répétition constante d'un mantra comme le son *OM)* qui favorise aussi l'attention et la concentration.

Maintenant que nous sommes bien entraînés à pouvoir maintenir un fort degré d'attention, voyons les différents éléments de la mnémotechnique.

LE CERVEAU TRIUNIQUE OU TRINAIRE

D'un point de vue anatomique et fonctionnel, le cerveau peut être divisé en trois grandes parties : le tronc cérébral ou cerveau reptilien, le cerveau limbique et le néocortex.

Le tronc cérébral contient une série de noyaux et de structures neurologiques qui coordonnent les fonctions dites neurovégétatives, c'est-à-dire celles qui assurent la survie de l'organisme telles que le maintien de la température, le rythme cardiaque et respiratoire, les mouvements du système digestif, etc.

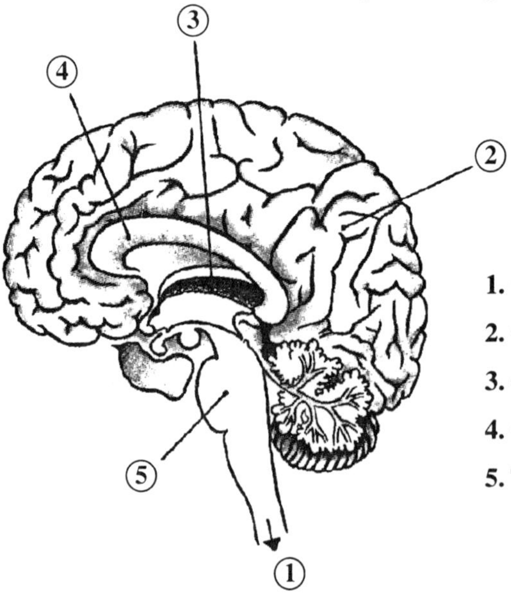

1. Colonne vertébrale

2. Cortex

3. Cerveau limbique

4. Corps calleux

5. Tronc cérébral

Le cerveau limbique est le cerveau des émotions. L'hyppocampe, une structure particulière du cerveau limbique, est également impliqué dans le processus d'acquisition de nouvelles connaissances. Par exemple, une personne à qui l'on aurait retiré par chirurgie les deux hippocampes serait incapable d'apprendre de nouvelles choses. C'est le cas de certains patients qui, dans le but de maîtriser un état épileptique grave, ont subi une hippotectomie bilatérale.

Et finalement le néocortex, l'écorce cérébrale, cette couche superficielle organisée en de nombreuses circonvolutions où s'opèrent les fonctions dites supérieures. C'est le nombre et la profondeur de ces nombreuses circonvolutions cérébrales qui distinguent, d'un point de vue neurologique, l'homme de l'animal.

Ainsi, l'organisation du système nerveux est telle que tout influx nerveux provenant de la périphérie, c'est-à-dire des sens — toucher, vision, ouïe — doit nécessairement passer par le tronc cérébral, plus particulièrement par une région appelée la formation réticulaire, et par le cerveau limbique des émotions avant d'atteindre le néocortex où s'opèrent vraisemblablement les fonctions intellectuelles.

À une époque, la formation réticulaire fut considérée par certains chercheurs comme le siège de la conscience. En fait, il s'agit davantage du siège de l'éveil sensoriel.

La formation réticulaire fonctionne un peu comme un filtre ou une barrière ne permettant le passage que des messages pertinents, significatifs ou dignes d'intérêt. Avant de lire ce qui suit, vous n'étiez probablement pas conscient des sensations de votre pied droit dans votre chaussure. Mais maintenant que l'intérêt est suscité ou, du moins, que l'information provenant de votre pied vous est temporairement significative, vous en avez pleinement conscience. C'est la formation réticulaire qui détermine si un message quelconque est acheminé ou non au néocortex pour devenir, par conséquent, conscient ou non.

Prenons un exemple. Lorsque vous dormez, un train pourrait très bien passer à vive allure à quelques centaines de mètres de votre demeure sans vous éveiller, tandis que le faible bruit de la poignée de porte tournée par un intrus risque fort de vous éveiller en sursaut.

Autre exemple. Lorsque vous cherchez un nom dans l'annuaire téléphonique ou un mot précis dans un livre, vos yeux rencontreront des centaines de noms ou de mots, mais ils ne s'arrêteront que sur celui que vous cherchez. C'est la formation réticulaire qui filtre ainsi l'information perçue et s'attarde à celle qui, pour une raison ou une autre, semble pertinente.

D'un point de vue pratique, tout ce que nous venons de dire implique que toute information, pour rejoindre le néocortex et être consciemment assimilée, doit contenir un élément d'intérêt particulier et véhiculer de préférence un contenu émotif.

Pour faciliter l'apprentissage, il est important de rendre toute information intéressante et de lui rattacher une connotation émotive.

Concrètement, cela signifie que chaque fois que vous aurez à étudier une matière particulière, à apprendre une langue ou à faire quelque apprentissage que ce soit, arrêtez-vous et prenez bien conscience de tous les avantages que vous apportera cet apprentissage. Visualisez bien ce à quoi vous amènera la réussite de cet apprentissage.

Par exemple, si vous faites un perfectionnement en comptabilité, mais que vous vous y ennuyez royalement, gardez toujours à l'esprit de façon bien claire les avantages que vous tirerez à terminer ce perfectionnement avec brio : l'augmentation de salaire qui vous permettra de faire le voyage tant espéré, d'acheter une nouvelle voiture, de réaliser votre rêve d'avoir un chalet à la campagne ou, encore, la promotion qui vous permettra d'occuper le poste que vous désirez depuis longtemps.

Si vous êtes aux études et que certaines matières obligatoires n'ont pour vous aucun intérêt, voyez comment ces mêmes matières, ou les connaissances acquises, pourraient vous être utiles dans le quotidien ou dans la réalisation d'un quelconque projet. Par exemple, vous ne voyez aucun intérêt à l'histoire du Québec[2], pourtant obligatoire. Prenez une journée ou deux pour aller visiter la ville de Québec et les vestiges de l'ère coloniale. Allez voir où est arrivé Champlain, où il a établi son premier quartier, où Hébert a cultivé les premières terres, où l'intendant Talon a établi sa demeure, où Lévis s'est battu et où il a repris Québec des mains des Anglais, etc. Visualisez ce qu'a dû être la vision des premiers arrivants, lorsqu'en contournant l'Île d'Orléans, ils ont fait face au Cap Diamant. Imaginez ce que devait être la vie de ces premiers colons. Il n'y avait ni électricité, ni routes, ni terres défrichées, ni aqueducs, rien. Qu'auriez-vous fait à leur place dans une telle situation problématique? Faites ce jeu et vous vous surprendrez à développer parfois un profond intérêt pour des choses pour lesquelles vous n'aviez auparavant que du mépris.

Vous avez les mathématiques en aversion? Pensez à votre prochain rapport d'impôts et commencez à calculer afin d'optimiser vos revenus. Ou voyez comment les mathématiques pourraient vous aider, par exemple, à calculer les statistiques de vos joueurs de hockey favoris. Vous êtes jeune et sans emploi et vous rêvez de démarrer une entreprise? Faites-vous un plan d'affaires détaillé sur lequel vous estimerez tous les coûts et revenus pour les cinq prochaines années. Utilisez les statistiques de marché et prévoyez les conséquences des budgets gouvernementaux à venir, etc.

Lorsque j'étais à l'université, à la fin de mon premier cycle, je me souviens de ce cours d'histoire de l'art qui m'ennuyait jusqu'à l'irritation. J'avais voulu m'initier à la peinture, question de me cultiver, et je le regrettais amèrement. Jusqu'à la mi-session, combien avaient été ennuyantes ces heures où je devais me forcer à apprendre des choses qui ne m'étaient alors d'aucun intérêt. Puis, au cours d'un congrès de neurosciences à Washington, je me suis laissé convaincre par un ami d'aller perdre quelques heures au musée. À mon grand étonnement, j'y ai passé les plus belles heures de mon séjour. Les Rembrandt, Renoir, Rubens, de Vinci; tout était si différent des photos que nous voyions dans les livres. Ce fut un véritable enchantement. Depuis, j'ai développé un véritable amour pour la Renaissance et pour la période impressionniste. À mon retour, j'attendais chaque semaine avec impatience mon cours d'histoire de l'art. Inutile de vous dire que mes résultats académiques se sont nettement améliorés. Il en fut de même pour la poésie, l'archéologie et l'histoire.

LA MÉMOIRE ASSOCIATIVE

Un autre élément concernant le système nerveux est intéressant à souligner. D'un point de vue neurophysiologique, le cerveau fonctionne comme un comparateur. Le cerveau est peu «compétent» pour évaluer l'environnement d'un point de vue absolu. Toute appréciation de distances, de couleurs, de sons ou de textures se fait en référence à un deuxième objet. Observez la figure suivante. Les deux panneaux sont composés de carrés grisâtres. Dans quel panneau, le gris est-il le plus foncé? Pourtant, celui de gauche paraît visiblement plus foncé, à cause des lignes noires environnantes.

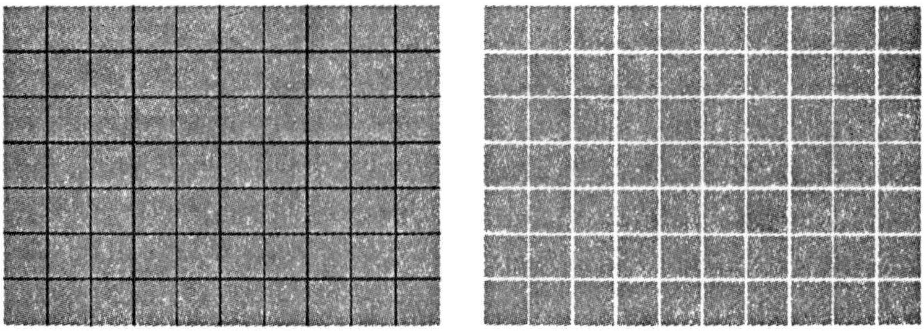

Mais comme vous vous en doutez probablement, la densité des points est la même pour les deux panneaux et le gris est forcément le même. Pour vous en convaincre, observez à présent ces deux carrés isolés de chacun des panneaux.

Observez maintenant les lignes A et B. Laquelle est la plus longue?

Encore une fois, vous vous en doutez, les deux lignes ont la même longueur. Mais la ligne A vous paraît plus longue.

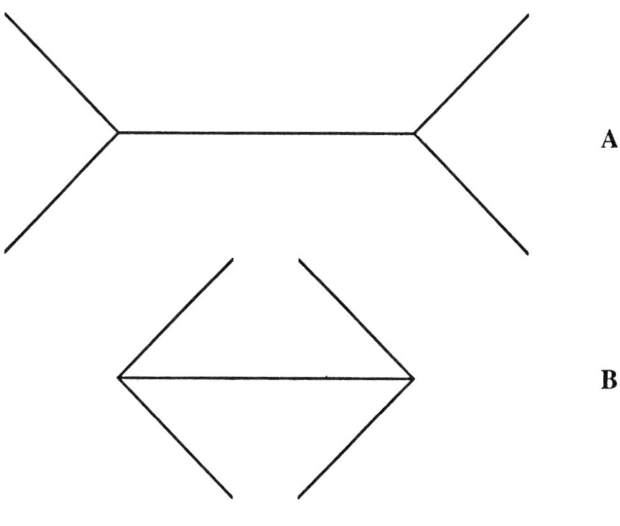

Si vous avez eu la chance d'aller dans les Rocheuses ou dans les Alpes françaises, vous avez sans doute constaté la difficulté d'estimer les distances. Une montagne qui nous semble être à deux jours de marche peut être atteinte en deux heures, tandis qu'une autre qui nous paraît tout près se trouve parfois beaucoup plus loin. Avec de telles distances et surtout de telles dimensions, le cerveau perd tout point de référence et se trouve incapable d'évaluer objectivement son environnement.

Mais, direz-vous, que vient faire tout ceci dans le processus d'apprentissage?

Pour bien retenir une information et pouvoir en faire le rappel à volonté, celle-ci doit avoir été reliée à du connu au moment de l'acquisition. Pour que l'information prenne un sens, elle doit s'intégrer à ce que nous savons déjà sur le sujet. Nos connaissances antérieures doivent servir de point de référence autour duquel se greffera l'information nouvelle.

Pendant la lecture d'un livre, l'audition d'un cours ou d'une conférence, il est important de toujours être actif face à l'information. Être actif signifie ne pas recevoir simplement l'information, mais faire constamment des associations avec les connaissances nouvelles et ce que nous savons déjà sur le sujet, notre expérience personnelle, notre vécu. Il faut toujours mettre ces nouvelles acquisitions à la lumière de notre quotidien, de nos intérêts et de nos connaissances générales.

Avant chaque cours, chaque lecture ou chaque conférence, prenez quelques minutes pour faire mentalement le point sur ce que vous savez déjà sur le sujet qui y sera abordé. En outre, vous constaterez que très souvent un livre ne vous apportera que quelques éléments nouveaux et que vous connaissez déjà le reste. En faisant votre introspection préalable, vous limiterez ainsi votre effort mental aux éléments nouveaux et vous n'aurez plus cette impression d'être submergé par une quantité d'éléments à apprendre.

LA VISUALISATION

Nous avons déjà parlé de la visualisation comme moyen de lever certains blocages à l'apprentissage et de se préparer mentalement à un examen, une conférence ou une entrevue. Mais la visualisation est également un excellent moyen d'utiliser la mémoire associative et d'être en mode interactif avec l'information.

Lors d'une expérience faite par des psychologues, quatre groupes d'étudiants ont appris une langue nouvelle dans les conditions suivantes. Le **premier** groupe devait réviser le vocabulaire appris en répétant les mots mentalement. Le **deuxième** groupe devait lire à voix haute des phrases contenant ces mêmes mots. Le **troisième** groupe devait composer ses propres phrases et les lire à haute voix. Le **quatrième** groupe devait visualiser des images mentales dans lesquelles les mots intervenaient de façon vivante. Chacun des groupes démontra une rétention supérieure au précédent, le quatrième groupe ayant obtenu les meilleurs résultats.

Faites l'expérience suivante. Prenez une minute ou deux et mémorisez les paires de mots suivantes seulement en les lisant à voix haute ou mentalement :

1.	caillou	balançoire	**11.**	pelouse	crayon
2.	cuillère	pois	**12.**	vélo	chien
3.	radis	arbre	**13.**	lumière	politique
4.	souris	avion	**14.**	reliure	essence
5.	feuille	tapis	**15.**	voyage	marmotte
6.	voiture	nuage	**16.**	verre	tente
7.	livre	peinture	**17.**	banane	soulier
8.	chaise	poire	**18.**	énorme	clôture
9.	cheveu	assiette	**19.**	garage	poupée
10.	fenêtre	chat	**20.**	vallon	boîte

Cachez la colonne de droite et tentez de trouver les mots auxquels ceux de gauche sont associés.

La visualisation comme moyen mnémotechnique consiste à associer une image à toute information nouvelle.

Considérez à nouveau cette liste de paires de mots, mais cette fois mémorisez les mots en vous construisant des images mentales. Par exemple, les mots «caillou» et «balançoire» peuvent s'associer dans l'image d'un caillou vivant, assis sur une balançoire et se balançant devant vous.

Plus les images seront loufoques, invraisemblables et exagérées, et plus vous vous engagerez activement dans l'image — aspect kinesthésique! —, plus l'information sera solidement ancrée dans votre mémoire.

Reprenez cette liste et concentrez-vous cette fois pour associer les mots entre eux par une image loufoque, exagérée ou inusitée. Cachez de nouveau la colonne de droite et tentez de trouver les mots auxquels ceux de gauche sont associés. Avez-vous un meilleur taux de rétention? Sans doute.

Lorsque vous aurez des éléments à mémoriser, des formules mathématiques, des dates, des définitions, des mots de vocabulaire, en français ou dans une autre langue, quoi que vous ayez à apprendre, utilisez la visualisation et greffez à chaque information une image mentale. Vous augmenterez ainsi de beaucoup votre mémoire.

Un autre moyen mnémotechnique similaire consiste à faire des jeux de mots. Encore une fois, plus ces derniers seront drôles et singuliers, plus vous aurez de la facilité à les retenir. Par exemple, le couple «banane-soulier» peut devenir «banane à sous liée»; on visualise alors une pelure de banane liée ou ficelée comme un saucisson et contenant non pas de la pulpe, mais des sous noirs. Le couple «garage-poupée» peut devenir «gare à l'âge de la poupée» et on visualise alors une poupée tellement vieille qu'elle tombe en décrépitude, etc. Ces jeux mentaux requiert un effort mental au départ, mais l'impact sur la rétention vaut l'investissement.

LA LOI DU 8 ± 2

La loi du 8 ± 2 fait référence au fait que la mémoire à court terme ne peut circonscrire plus de 8 ± 2 éléments à la fois. Pour bien illustrer le principe, faisons à nouveau un exercice simple. Prenez 90 secondes pour mémoriser la liste de mots suivante :

1. Marteau	**11.** Rose
2. Flûte	**12.** Piano
3. Chat	**13.** Souris
4. Pince	**14.** Suède
5. Brésil	**15.** Chélidoine
6. Luth	**16.** Violon
7. Balsamine	**17.** Éléphant
8. France	**18.** Nicaragua
9. Lapin	**19.** Azalée
10. Perceuse	**20.** Étau

Fermez le livre et écrivez sur une feuille le plus grand nombre de mots dont vous vous souvenez. Combien en avez-vous mémorisés?

Maintenant, refaites le même exercice, avec les mêmes mots, mais cette fois disposés de la façon suivante :

Animaux	**Pays**	**Fleurs**
Chat	Brésil	Balsamine
Lapin	Suède	Rose
Souris	Nicaragua	Azalée
Éléphant	France	Chélidoine

Instruments de musique	**Outils**
Flûte	Pince
Luth	Perceuse
Piano	Marteau
Violon	Étau

Fermez le livre et écrivez sur une feuille les mots dont vous vous souvenez. Sans doute en avez-vous retenu davantage qu'à l'exercice précédent. D'autant plus si vous avez fait des jeux de mots et de la visualisation.

Pour les animaux, par exemple, les premières lettres de chacun nous donnent CLSE, ce qui pourrait se traduire par CLSC (Centre Local de Services Communautaires). Visualisez alors un zoo à la porte de votre CLSC et, en quelques secondes, vous aurez mémorisé ainsi quatre mots. Pour les fleurs, les premières lettres forment le mot BRAC. Imaginez-vous aller à la chasse en braquant (*brac*) une fleur en forme de carabine. Pour les pays, visualisez une carte du monde et illuminez mentalement les différents pays. Et ainsi de suite.

L'idée est donc toujours d'ordonner les connaissances à acquérir et de les regrouper en thèmes, puis en sous-thèmes, de façon à former une espèce d'organigramme où chacune des cases ne contient guère plus de 8 ± 2 éléments. Ainsi vous pourrez multiplier le nombre d'éléments à mémoriser.

Par ailleurs, si un enseignant a la particularité d'être confus et de sauter d'un sujet à l'autre, reprenez, à la fin du cours, les différents éléments abordés et classez-les.

Vous verrez s'éclaircir comme par magie ce qui vous semblait auparavant nébuleux. Votre rétention sera meilleure, de même que votre compréhension.

LE CONTEXTE GLOBAL

Nous avons parlé précédemment de l'importance de revoir mentalement les connaissances déjà acquises sur un sujet particulier afin de pouvoir lier les nouvelles connaissances à quelque chose de connu. Cette attitude permet également de créer un canevas de base dans lequel seront incorporées ces nouvelles connaissances.

Très souvent, pendant un cours ou une lecture, les nouvelles connaissances nous assènent sans que nous sachions ce qui nous amène à considérer ces nouvelles données. Quel est notre point de départ? Quel est l'intérêt ou l'importance d'acquérir ces connaissances? Qu'est-ce que ces connaissances nous permettront de faire ou à quoi nous permettront-elles d'accéder? Quelle en sera la conclusion? Dans quel contexte global s'inscrivent-elles? Etc.

Par exemple, si vous étudiez l'histoire de Napoléon Bonaparte, vous aurez une compréhension et un taux de rétention bien supérieurs si vous définissez préalablement le contexte historique, social et politique avant et après sa venue; quel aspect de sa vie vous devez étudier en particulier et surtout l'objectif de cette étude. Sont-ce les techniques de guerre, la psychologie des grands commandants, la tombée de la monarchie et l'avènement de la république?

Créer mentalement ou même par écrit un canevas général dont le rôle sera d'accueillir et d'intégrer les nouvelles connaissances.

FAITES LE PROF

Les travaux de Jane Healy démontrent que le langage intérieur est ce qui favorise le plus l'assimilation de nouvelles connaissances et même le développement de l'intelligence. Aussi pouvons-nous mentionner que le fait de jongler mentalement avec une information nouvelle permet de bien l'assimiler.

En France, les travaux d'Antoine de la Garanderie ont mené aux mêmes conclusions. Ce dernier s'est appliqué à observer les enfants naturellement doués pour les études pour s'apercevoir qu'ils ont presque tous un élément en commun : spontanément, ces enfants prennent plaisir à se redire à eux-mêmes, dans leurs propres mots, ce qu'ils ont appris dans la journée. C'est un peu comme s'ils se donnaient un cours ou une conférence. Comme le dit l'adage : «Ce qui est bien compris s'énonce clairement et les mots pour le dire viennent aisément.»

La psychologie cognitive a d'ailleurs depuis longtemps démontré que nous retenons à peu près 40 % de ce que nous entendons, 50 % de ce que nous voyons, 70 % de ce que nous voyons et entendons et 90 % de ce que nous enseignons. Avez-vous remarqué que les premiers de classe sont souvent ceux qui expliquent à leurs camarades? Le font-ils parce que justement ils sont premiers de classe ou sont-ils premiers de classe parce qu'ils ont pris l'habitude d'expliquer à leurs camarades?

Pour enseigner ou pour redire dans nos propres mots ce que nous avons appris, il est nécessaire de bien comprendre notre matière, sinon nous nous butons à l'ambiguïté. Aussi est-ce un excellent moyen mnémotechnique de se donner à soi-même des conférences sur les connaissances que nous devons apprendre, de trouver quelqu'un à qui nous pouvons redire dans nos mots ce que nous avons appris ou encore d'écrire un livre ou un simple article sur le sujet. Les enfants, pour leur part, tireront de grands bienfaits à tenir un journal quotidien dans lequel ils résumeront, de façon succincte, ce qu'ils ont vu à l'école dans la journée. En plus de devoir exprimer dans leurs mots les connaissances acquises, ils développeront un esprit de synthèse.

LA COURBE DE RÉTENTION

Voilà un élément simple, mais trop souvent négligé. Une courbe de rétention typique indique qu'après quelques mois, s'il n'y a pas eu de révision, le taux de rétention est de l'ordre de 20 %. Par contre, s'il y a eu une courte révision, ne serait-ce que de quelques minutes le lendemain, puis après une semaine et après un mois, le taux de rétention, après six mois, frôle 90 %.

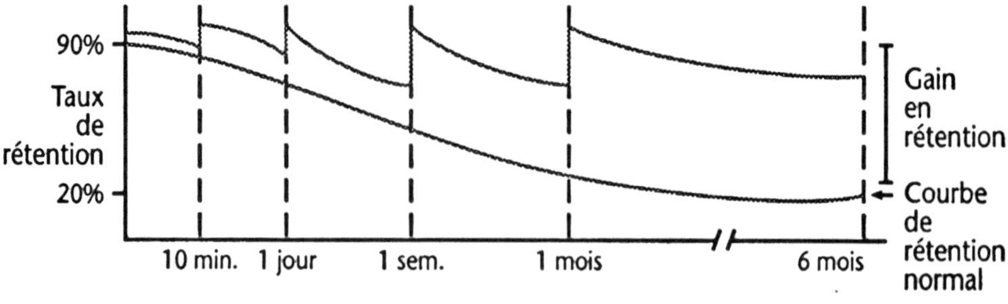

Concrètement, après chaque cours, chaque conférence ou chaque lecture, prenez toujours quelques minutes pour revoir et bien comprendre les connaissances ou les notions abordées. Quand tout est ramené à la mémoire et bien compris, dormez sur ces nouvelles connaissances. Le lendemain, prenez quelques minutes pour refaire le même travail. Puis faites de même après une semaine et après un mois. S'il le faut, inscrivez dans un agenda les révisions pour les jours et les semaines à venir et conformez-vous-y. Vous verrez votre mémoire grimper en flèche!

Souvenez-vous que la mémoire est au cerveau ce que la force est aux muscles. L'innéité de la mémoire exceptionnelle est rare. Elle doit être cultivée tout comme doit l'être la force musculaire, c'est-à-dire suivant des méthodes d'entraînement.

EFFETS DE PRIMARITÉ ET DE RÉCENCE

Ce principe est bien simple. Pendant un cours, une conférence ou une séance d'études, nous avons tendance à retenir plus facilement la matière abordée au début et à la fin de la période.

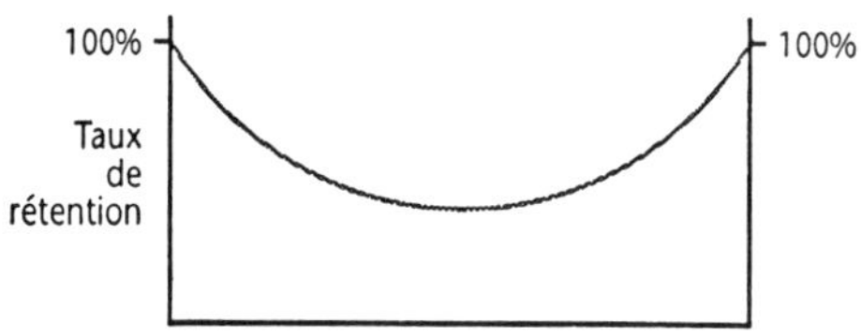

Ainsi, en divisant une séance d'études en deux ou trois mini-séances, en incorporant des pauses de quelques minutes, il est possible de tirer profit de ce phénomène. Nous obtenons alors une courbe tout à fait différente.

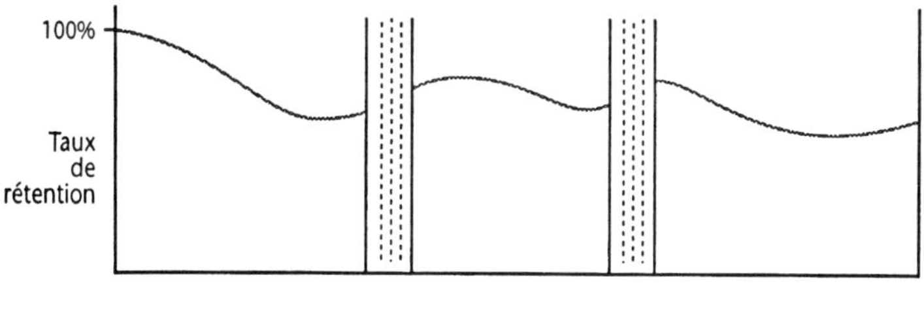

Par exemple, deux séances de vingt minutes suffiront pour couvrir efficacement la matière normalement couverte en une seule séance de soixante minutes. Cela permet d'alléger l'étude ou la lecture, de la rendre plus efficace et, encore une fois, d'augmenter la mémoire.

LES MOTS-ÉPINGLES

Finalement, les mots-épingles. Ceux-ci constituent un moyen intéressant pour ceux qui ont à mémoriser des nombres comme des dates, des numéros de téléphone ou des listes de prix. Le principe des mots-épingles s'appuie sur la correspondance chiffres-lettres.

Par exemple, qu'est-il plus aisé de retenir entre les deux éléments suivants :

95016487200287171017595 ou Placez toujours vos connaissances nouvelles dans un contexte global?

L'un est la correspondance numérique de l'autre.

Le langage que nous utilisons est composé de nombreux phonèmes que nous pouvons relier aux différentes consonnes; les voyelles étant dans une certaine mesure accessoires.

Par exemple, si nous enlevons les voyelles, vous pourrez quand même arriver à comprendre la phrase suivante : «L mmr st cmm n mscl, tt c q'l ft, c'st d l prtq»;

qui se traduit par :

> *La mémoire est comme un muscle, tout ce qu'il faut, c'est de la pratique.*

D'ailleurs, certaines langues comme l'arabe ou l'hébreu n'utilisent pas les voyelles et l'interprétation des mots est dictée par le sens et le contexte de la phrase. Par exemple, «mr» pourra être «mère» ou «mare», selon le contexte.

Ces consonnes peuvent être associées aux chiffres de 0 à 9 et, à chacun de ces chiffres, nous pouvons faire correspondre un ou plusieurs phonèmes, avec lesquels nous pourrons ensuite composer des mots qui seront plus faciles à mémoriser que les chiffres eux-mêmes. Voyons ces différentes correspondances et comment les utiliser :

Chiffre	Phonème	Moyen mnémotechnique
1	t, d	«t» et «d» sont faits d'un trait vertical
2	n, gn	le «n» a 2 pattes
3	m	le «m» a 3 pattes
4	r	«4» se termine par le son «r»
5	l	la main avec le pouce tendu forme un «L»
6	j, ch, g *doux*	il y a 6 lettres dans le mot «jonche»
7	k, g	en accolant deux 7 à l'envers, on obtient un «k»
8	f, v, ph	un «f» cursif ressemble à un «8»
9	p, b	un «9» dans un miroir devient un «p»
0	s, z, x, c *doux*	«z» comme dans «zéro»

Ainsi, si vous travaillez dans un marché et que vous devez retenir le prix des différents aliments, comme le sucre à 2,80$/kilo, vous pourriez faire l'association suivante : 2,80 = n f(v) z(s); dont les lettres peuvent former l'expression : *nous voici!*

Visualisez-vous en train de servir un client qui veut du sucre en lui disant avec un sourire exalté : «Nous voici!» Ou encore, «Nues-fesses» en visualisant l'interdiction de s'asseoir «nues-fesses» dans le sucre. L'image est évidemment loufoque, mais plus elle le sera, meilleure sera votre rétention.

Suivant l'image que vous aurez choisie quand vous penserez au sucre, elle vous reviendra à l'esprit et vous pourrez faire la correspondance lettres-chiffres et, ainsi, retrouver rapidement le prix du sucre.

Certains possèdent une bonne mémoire des nombres et n'ont pas besoin de recourir à un tel système. Il ne faudrait cependant pas le négliger trop rapidement; souvenez-vous que plusieurs personnes ont accompli de véritables exploits mnémoniques avec ces correspondances chiffres-lettres.

Tous ces moyens mnémotechniques doivent être mis en pratique régulièrement pour que cette gymnastique mentale devienne tranquillement un automatisme. Ainsi, chaque fois que vous aurez quelque chose à mémoriser, les images et les liens associatifs surgiront à votre esprit presque malgré vous. Vous n'aurez alors d'autre choix que de vous considérer comme quelqu'un ayant une mémoire exceptionnelle!

Chapitre 9

LA PRISE DE NOTES IMAGÉES

En avril 1991, j'assistais au congrès annuel de la *Society for Accelerative Learning and Teaching* (SALT) tenu à Minneapolis. J'arrive dans l'auditorium et comme je suis en retard, je reste debout à l'arrière pour ne pas déranger le conférencier. De ma position, je peux voir les auditeurs prendre des notes. Mon attention s'arrête sur plusieurs d'entre eux qui, au départ, je dois l'admettre, m'ont bien fait sourire. Ils sont assis, un grand cahier à dessin est ouvert devant eux, avec un coffret de crayons de couleur bien garni, et ils dessinent pendant que parle le conférencier. Je me dis qu'il faut avoir du temps à perdre pour venir assister à une conférence et y passer tout son temps à dessiner. Puis, curieux, je m'approche tranquillement de l'un de ces auditeurs, question de voir ce qui l'incite tant au dessin... À mon grand étonnement, tout ce qu'abordait le conférencier y était représenté sous forme imagée. Il prenait des notes sous forme de dessins, au demeurant très précises et détaillées, sur tout ce que disait l'orateur. Ce fut mon initiation à la prise de notes imagées.

Structurée il y a quelques années par Tony Buzan et littéralement réinventée par Nancy Margulies, la prise de notes imagées est apparue aux États-Unis sous le nom de *Mind Mapping*. Une traduction fidèle de ce terme serait «cartographie de l'esprit».

En effet, la prise de notes imagées est une technique qui permet de prendre des notes et de mettre sur papier les idées qui surgissent à l'esprit sous forme d'images, sans les dénaturer par l'inévitable processus de traduction de ces idées en mots et en langage régi par une syntaxe, une structure grammaticale et des règles définies.

Lorsque les idées se présentent à l'esprit, elles apparaissent sous forme d'images, de symboles ou de concepts. C'est à travers ces images et ces symboles que s'expriment l'intuition et l'inspiration. Souvent, le simple fait de prendre des notes par écrit, de façon traditionnelle court-circuite le processus de la pensée intuitive sans laquelle il est difficile d'atteindre une compréhension profonde.

Des travaux faits par Wenger auraient démontré que, chez des enfants, le simple fait d'utiliser la technique de prise de notes imagées permettait d'augmenter le quotient intellectuel de bon nombre d'entre eux. On peut avancer l'hypothèse que cela est dû au fait qu'en ne passant pas par le langage, qui constitue pour l'enfant un processus limitant, l'étudiant peut davantage exprimer pleinement son potentiel intellectuel. Mais outre ce recours au langage primaire schématique ou symbolique du cerveau, la technique de prise de notes imagées constitue à plusieurs égards un puissant moyen de favoriser l'apprentissage et d'augmenter la mémoire. Prenons quelques instants pour en considérer toute la portée.

Premièrement, prendre des notes de façon imagée implique le dessin, les couleurs, les formes, la métaphore, mais aussi une forme d'ordre, de logique, une pensée synthétique.

Bref, le fait de prendre des notes de façon imagée entraîne nécessairement un travail conjoint des deux hémisphères cérébraux permettant l'expression optimale de tout le potentiel d'apprentissage. Le cerveau gauche de la logique et de l'analyse doit collaborer avec le cerveau droit afin d'exprimer par le dessin, avec précision et rigueur, une idée.

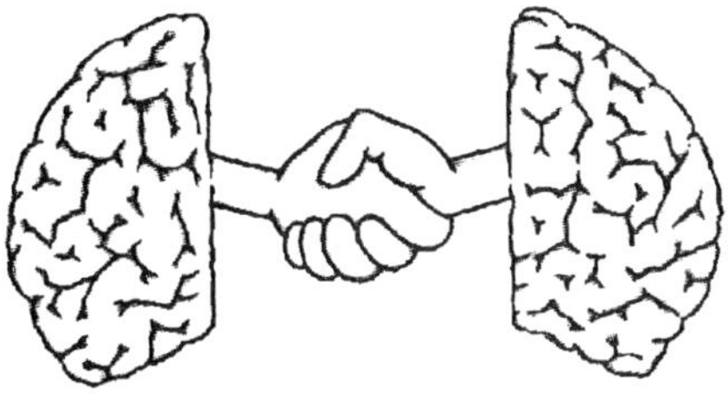

Deuxièmement, le fait de toujours rechercher une image ou un mot-clé, afin d'exprimer de façon succincte une idée ou une information, entraîne inévitablement le développement de la pensée synthétique. Plusieurs pages d'un livre ou encore plusieurs minutes d'un exposé oral se verront souvent résumés avec une étonnante précision à l'aide de quelques dessins et de quelques mots-clés. La pensée synthétique, est-il bon de le mentionner, est ce qui caractérise presque tous les grands orateurs, les pédagogues, les *leaders* ou les visionnaires.

De plus, le fait de résumer ainsi plusieurs renseignements en quelques dessins qui sont le pur produit de notre réflexion et de notre créativité suppose que l'information soit préalablement bien comprise et intégrée. Vous arriverez difficilement à exprimer plusieurs idées de façon imagée si vous n'en avez pas une bonne compréhension.

En référence aux travaux d'Antoine de la Garanderie, comme nous l'avons vu au chapitre précédent, la prise de notes imagées constitue un bon moyen pour exprimer, dans ses mots ou son langage propre, les connaissances acquises.

Troisièmement, nous avons une mémoire visuelle supérieure à la mémoire sémantique. Nous nous rappelons beaucoup plus facilement les détails d'une image que les éléments d'une description écrite. Prenez quinze secondes pour observer les mots. Puis tournez la page et, sur un bout de papier, écrivez tous les mots de la page suivante dont vous vous souvenez.

genou

épingle

lapin

soleil

voiture

oreiller

orange

tapis

fenêtre

manteau

couteau

panier

Puis refaites le même exercice, mais cette fois avec les images de la page suivante. Prenez une quinzaine de secondes pour observer tous les dessins, puis tournez la page et sur un bout de papier, écrivez tous les objets dont vous vous souvenez.

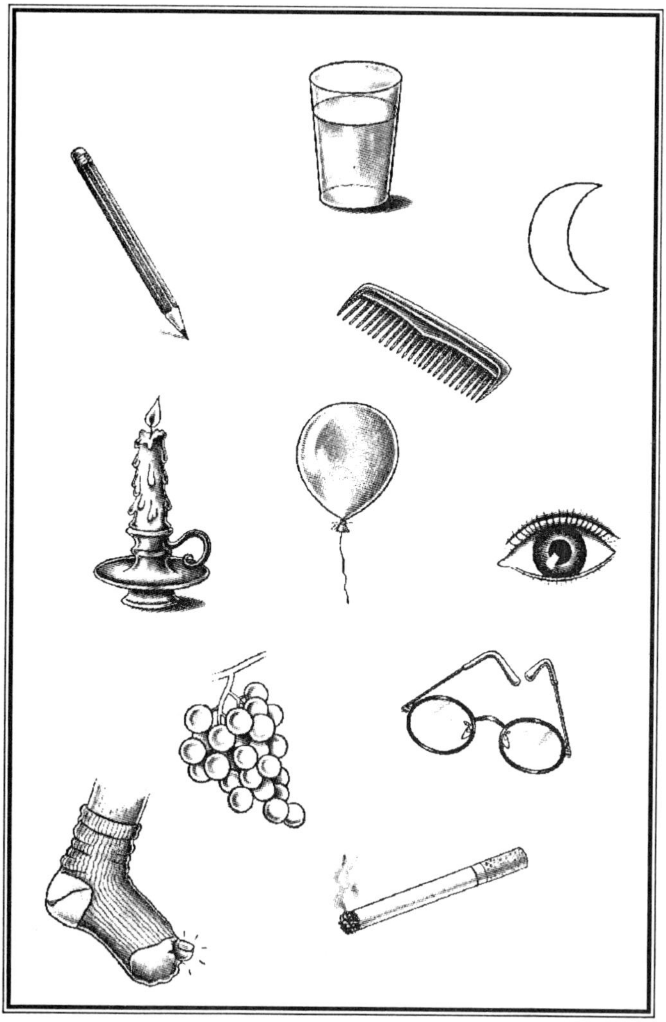

Vous avez sans doute pu confiner dans votre mémoire davantage d'images que de mots. Vous pouvez également faire l'expérience suivante. Choisissez une peinture pour laquelle vous aurez un texte descriptif d'une page ou deux s'y rapportant. Prenez une trentaine de secondes pour observer la toile, puis une trentaine de secondes pour regarder le texte. Si vous deviez prendre un crayon et écrire ce que vous avez lu ou vu, duquel des deux, de la toile ou du texte, pourriez-vous en dire le plus? Sans doute de la toile.

C'est d'ailleurs de plus en plus par l'image et le dessin que les agences de publicité tentent de nous faire passer leurs messages; elles peuvent ainsi, en peu de temps et en peu d'espace, imposer davantage de renseignements à notre mémoire. Pourquoi ne pas utiliser ce principe pour préparer un examen, une conférence ou encore pour apprendre les différentes étapes d'une tâche à accomplir comme le développement d'un film photo ou les interventions en premiers soins. N'est-il pas dit qu'une image vaut mille mots?

Finalement, la prise de notes imagées donne à l'information et à tout le processus d'apprentissage une dimension kinesthésique. D'une part le dessin implique le mouvement de la main de façon concrète et, d'autre part, il représente souvent, par la visualisation, une forme de mouvement mental.

Mis à part le fait qu'elle favorise une meilleure mémoire, la prise de notes imagées se révèle également un outil presque indispensable pour organiser des cours, des conférences ou des discours. En exposant le contenu d'une conférence de façon imagée, vous retrouverez sur une seule feuille tous les sujets que vous désirez aborder. D'un seul coup d'œil, il vous sera possible d'embrasser tout le contenu de votre exposé. Ainsi, si un auditeur vous interrompt et que vous devez passer un certain temps à lui répondre, d'un seul regard, vous saurez ce qu'il vous reste à couvrir comme information et vous pourrez gérer le temps que cela requiert de façon adéquate. Si vous utilisez le système de fiches, par exemple, dans une telle situation vous n'aurez d'autre choix que d'accélérer tout simplement le rythme ou d'escamoter les derniers sujets prévus. De plus, chaque élément abordé l'est toujours dans le contexte global de votre exposé puisque vous en avez le plan complet sous forme imagée constamment sous les yeux. Cela peut sembler un détail, mais lorsque les différents sujets d'une conférence sont présentés en blocs séparés, sans que soit fréquemment établi le parallèle ou les liens entre eux et l'objectif de l'exposé, alors il est plus difficile de maintenir l'attention de l'auditoire. Aussi, si une question vous est posée sur un sujet ou un aspect que vous aviez l'intention d'aborder, il est souvent judicieux d'en parler sur le champ. Par sa question, un auditeur exprime toujours son ouverture et son désir de vous entendre. Le fait de répondre immédiatement aux questions permet de prendre le pouls de l'auditoire et de tirer profit des ouvertures que vous avez créées. Mais ce faisant, vous modifiez le cours de votre exposé. Cependant, si ce dernier est mis sous forme imagée alors, d'un seul coup d'œil, vous pouvez réorganiser le cours de la conférence. Vous aurez alors l'air d'un véritable chef d'orchestre qu'aucune question ne peut déstabiliser. Vous semblerez avoir réellement prévu chacune des questions et vous aurez conservé l'attention de l'auditoire tout au long de votre exposé.

La prise de notes imagées est également un moyen très efficace et pratique de résumer un livre ou tout autre document que vous avez à lire. Prévoyez une flèche pour chaque sujet indiqué dans la table des matières. Synthétisez, sous forme d'images accompagnées de mots-clés, les différents éléments abordés dans la publication. À la fin, vous obtiendrez une feuille de prise de notes imagées résumant l'essentiel du document. Faites-vous un dossier de prise de notes imagées de tous les livres que vous aurez lus et glissez chacune des feuilles dans son livre respectif. Vous pourrez ainsi revoir le contenu de n'importe quel livre en quelques minutes.

Utilisez la prise de notes imagées pour dresser le plan de la journée ou celui de la semaine, de vos vacances ou de tout autre projet. C'est un excellent moyen de stimuler et favoriser le remue-méninges. La prise de notes imagées stimule le flot des idées et facilite leur répartition par thème et selon leur importance. Encore une fois, d'un seul coup d'œil, vous saurez tout ce qu'il vous reste à faire et pourrez réorganiser votre temps de façon optimale.

Finalement, la prise de notes imagées est le meilleur moyen de préparer un examen ou de mémoriser toutes sortes d'informations. Rappelez-vous que la mémoire visuelle est supérieure à la mémoire auditive ou sémantique. Le fait de souligner des passages dans un livre avec un marqueur en favorisera la rétention, mais le fait de tout mettre sous forme d'images et de mots-clés sera d'autant plus efficace. Ainsi, par exemple, notez sous forme imagée les différentes commandes de l'ordinateur, les étapes à suivre pour rédiger un rapport, les gestes importants lors de premiers soins, etc. Bref, tout ce qui vous est utile de mémoriser!

LA TECHNIQUE DE PRISE DE NOTES IMAGÉES

Voyons maintenant en quoi consiste la technique de prise de notes imagées. Référez-vous au dessin de la page 141 à mesure que seront données les consignes. Une telle page de notes imagées s'appelle une **carte mentale**.

Premièrement, **dessinez au centre de la page une image simple ou un symbole** qui représente le sujet abordé. Comme vous aurez à écrire et à dessiner partout sur la page, faites ce premier dessin petit. Si vous avez peur d'oublier la signification de votre dessin, écrivez un mot ou deux qui en véhiculeront le sens.

Puis, laissez aller votre imagination dans le cas d'un remue-méninges ou suivez le cours des idées dans le cas d'une conférence en **créant une branche pour chaque nouveau sujet**. Souvenez-vous que ces notes sont pour vous et qu'il suffit d'écrire un mot ou de dessiner une image qui, toujours pour vous, en favorisera le rappel. Vous n'avez aucun besoin d'être un artiste, votre but étant de prendre des notes et non de réaliser une œuvre d'art.

Utilisez des **couleurs** différentes et faites ressortir les idées maîtresses en jouant sur les **proportions** et les **formes**. En passant d'un sujet à un sous-sujet, utilisez des **flèches** qui permettront de bien retrouver la suite des idées. En très peu de temps, vous verrez toute l'importance d'utiliser les flèches plutôt que de simples traits.

Utilisez les **mots-clés**. Bien que ce soit difficile au début, essayez de toujours vous limiter à un seul mot par ligne. Cet aspect aide à développer la pensée synthétique; c'est une gymnastique mentale qui, à elle seule, favorise l'apprentissage et la rétention. Si plus d'un mot vous est nécessaire, créez une autre branche. Il vous sera beaucoup plus facile et rapide de consulter votre carte mentale; la rétention sera supérieure.

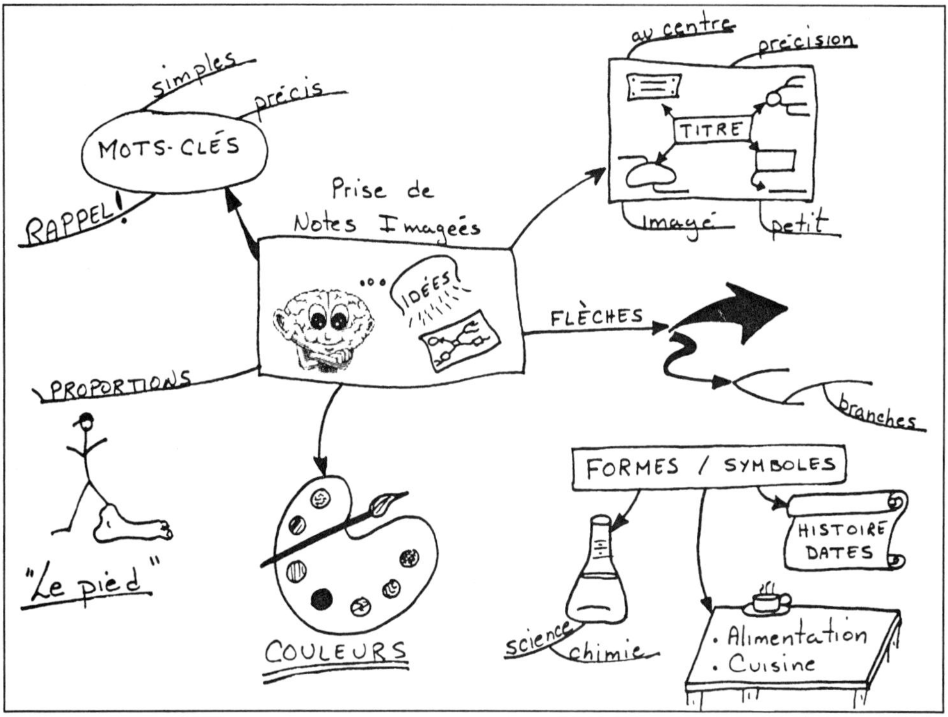

Prenez également soin de bien former vos lettres. Une écriture bâclée diminuera grandement la rétention et la facilité à consulter la carte mentale. Lorsqu'un symbole est vague ou incomplet, juxtaposez-lui un mot-clé. Cela dit, ne vous limitez pas simplement à des mots, utilisez des symboles aussi souvent que possible. Avec un peu d'expérience, vous verrez que les symboles ou les images peuvent, en quelques coups de crayon seulement, exprimer un concept ou une idée qui nécessiterait parfois plusieurs phrases.

Encore une fois, il est important de le rappeler, gardez toujours à l'esprit que le problème est davantage le rappel que la mémoire.

Par conséquent, choisissez toujours un mot-clé ou une image qui provoquera aisément et promptement le rappel. Construisez votre carte mentale en vous visualisant dans les circonstances et les moments où vous aurez à consulter vos notes. N'inscrivez que ce qui est nécessaire pour rappeler à la mémoire les renseignements dont vous avez besoin. Avec un peu de pratique, vous constaterez rapidement qu'il suffit souvent de peu de choses pour stimuler la mémoire et favoriser le rappel.

À titre d'exemple, voyons comment transcrire, sous forme de prise de notes imagées, le texte suivant :

Les poumons du monde

En rêve, on cherche souvent du côté de l'espace un territoire nouveau à explorer. Pourtant, il existe encore sur terre des régions peu connues : les forêts vierges. On les appelle ainsi parce qu'elles demeurent inexplorées. De telles forêts se trouvent sur tous les continents, sauf en Amérique du Nord. La forêt d'Amazonie, en Amérique du Sud, est la plus vaste du monde. Elle couvre environ sept millions de kilomètres carrés. C'est quatre fois la grandeur du Québec! Elle s'étend en majeure partie sur le territoire du Brésil.

L'Amazonie, les poumons du monde. Pourquoi un tel surnom? Pour se nourrir, les arbres, tout comme les plantes, transforment le gaz carbonique en oxygène. Les forêts denses, comme celles de l'Amazonie, sont donc les plus grands producteurs d'oxygène au monde. Mais la production d'oxygène n'est pas la seule utilité des forêts denses. Elles servent aussi d'habitat à de nombreux êtres vivants. Entre 35 et 75 % des espèces animales de la terre y habitent. Certaines de ces espèces animales sont interdépendantes : elles ont besoin les unes des autres pour subsister. Lorsque l'on détruit l'une de ces espèces, on cause un tort considérable à plusieurs autres.

La forêt d'Amazonie contient, de plus, des arbres fort utiles. Par exemple, on y récolte les noix du Brésil. La forêt dense donne aussi le **cacaoyer** qui produit les fèves de cacao. On trouve également, en Amazonie, le **cannelier** dont l'écorce fournit la cannelle. Enfin, l'**hévéa** pousse parfois à l'état sauvage en forêt. De cet arbre, on tire le latex qui sert à la fabrication du caoutchouc.

On utilise aussi de nombreuses plantes pour la fabrication de médicaments. Beaucoup de ces plantes viennent des forêts denses comme celles de l'Amazonie. La feuille d'un arbrisseau appelé **coca** donne la cocaïne. Cette substance, malheureusement utilisée comme drogue, est cependant fort efficace en médecine comme anesthésique local. L'**ipéca**, quant à lui, provient d'une racine. Il est utilisé pour la fabrication de vomitifs et d'expectorants. Le **curare** vient de la résine d'une plante. Les Indiens d'Amazonie s'en servent à la chasse, comme poison. Les médecins utilisent des dérivés du curare en anesthésie. Il est raisonnable de penser que d'autres médicaments pourraient être découverts dans les années à venir.

Il est difficile de croire que des gens travaillent à faire disparaître des forêts aussi utiles. C'est pourtant ce qui arrive en Amazonie. Chaque demi-heure qui passe, on y coupe huit hectares de forêt. Cela équivaut à une superficie aussi grande que l'Île d'Anticosti! Mais si la forêt d'Amazonie est détruite de cette façon, c'est pour permettre le développement du Brésil. En effet, le gouvernement de ce pays construit une route qui doit traverser la forêt. Des fermiers s'installent le long de cette route sur de nouvelles terres. Comme défricher prend beaucoup de temps, ils brûlent la forêt. Le gaz carbonique qui se dégage de cette combustion vient donc augmenter la pollution de l'atmosphère.

Pour toutes ces raisons, de nombreuses personnes (écologistes et autres) s'intéressent à l'Amazonie. Elles se préoccupent de l'état des «poumons du monde». Il faut bien l'avouer : avec la destruction des forêts amazoniennes, ces poumons sont en danger. (Texte extrait de *Entre 4 yeux*, Graficor.)

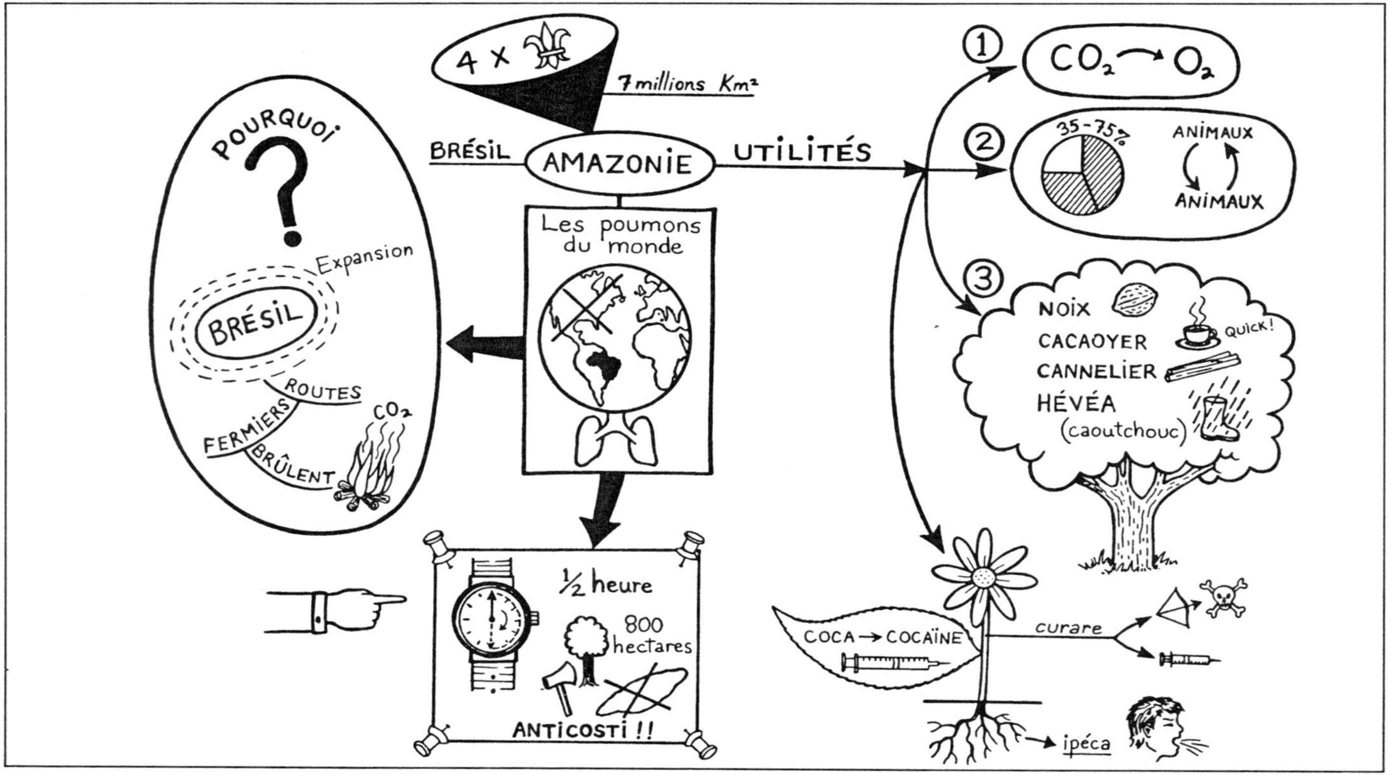

Carte mentale résumant le texte *Les poumons du monde.*

Voici trois textes, en ordre croissant de difficultés, sur lesquels vous pourrez prendre le loisir de vous exercer à la prise de notes imagées. (Comparez vos cartes mentales avec les modèles repris en fin de chapitre.)

Les plantes en mouvement

C'est bien connu : les plantes ne marchent pas. Leurs pieds à elles, les racines, ne peuvent s'arracher du sol où ils sont enfoncés. Pourtant, les plantes se déplacent; la botanique l'affirme. Certaines d'entre elles vont même jusqu'à se passer de racines pour mieux se promener.

En général, ce déplacement s'effectue d'une génération à l'autre. Une plante adulte donne naissance à une graine qui va se déposer à une certaine distance de cette plante.

S'il fallait que tous les rejetons d'une plante s'enracinent à ses pieds, ce serait la catastrophe! Ils s'étoufferaient les uns les autres. Pour assurer la survie de l'espèce, les rejetons doivent donc s'éloigner de leurs parents.

Tous les moyens sont bons pour y arriver. Certaines graines se déplacent par voie d'eau. C'est le cas de la noix du cocotier de mer qui peut parcourir des centaines, voire des milliers de kilomètres, en flottant. Un jour, une île de l'océan l'accueille et elle prend racine dans le sable chaud.

La voie des airs constitue un autre moyen de déplacement. Légère comme une plume, la graine du pissenlit répond à la moindre invitation du vent. Les graines du champignon, ou «spores», fines comme de la poussière, s'envolent très volontiers. Cela leur permet d'aller encore plus loin. On a retrouvé à Hawaï, à l'autre bout du monde, des champignons originaires du Sahara!

Cerises et chardons, plus rusés peut-être, préfèrent les animaux comme moyen de transport. La succulente cerise avalée par l'oiseau vaut bien un billet d'avion à son noyau. Le chardon, lui, s'accroche à la toison des passants à quatre pattes pour s'en aller ailleurs.

Les mouvements des plantes s'effectuent également par voie de terre. C'est d'ailleurs ainsi qu'elles donnent le plus l'impression de... marcher! On appelle ce déplacement «dispersion végétative». Cette fois, au lieu d'une graine, c'est une partie de la plante qui sert de rejeton. Il s'agira soit d'une partie de la racine, soit d'une partie de la tige.

Les iris, par exemple, ont une tige souterraine, le «rhizome», qui avance horizontalement sous le sol. Tout le long de celle-ci poussent de nouvelles tiges appelés «drageons». Lorsqu'ils font surface, ces drageons deviennent de nouvelles plantes situées à distance de leur mère.

La tige du fraisier, pour sa part, donne naissance à des tiges secondaires, les «stolons». Ces tiges, en s'allongeant sur le sol, s'éloignent de la plante d'origine. Chacune d'elles, en son temps, deviendra un fraisier.

Les iris et les fraisiers donnent vraiment l'impression d'être des plantes qui marchent. Cela n'est pourtant rien à côté d'un certain lichen du désert du Kalahari, en Afrique. Ce végétal unique, qui vit entièrement détaché du sol, accompagne le vent où il va. Il est tout à fait libre de mouvement. Bien sûr, il s'agit d'une exception dans le merveilleux monde de la botanique. Cette exception montre cependant une chose... Les plantes ne sont peut-être pas aussi empotées qu'elles en ont l'air! (Texte extrait de *Entre 4 yeux*, Graficor.)

Les sauvages du Hubei

Deux mètres trente, de longs poils roux, une abondante chevelure et une apparente timidité devant les dames, tel est, semble-t-il, l'homme sauvage du Hubei, en Chine.

Par un chaud après-midi du mois de juin dernier, la section wuhannaise de l'Académie des sciences de Chine et la Commission scientifique et technique de la province du Hubei se réunissaient pour examiner un bien étrange dossier. Oui ou non des «sauvages» existent-ils dans un des districts éloignés de la province, comme l'affirment de nombreux témoignages? Oui, des «sauvages», c'est-à-dire des créatures de haute taille, se tenant debout sur leurs membres postérieurs, dont le corps entier est recouvert de longs poils roux, marchant comme des hommes, mais que personne n'a encore réussi à approcher.

La rumeur, à vrai dire, ne date pas d'hier. Depuis l'époque des Trois Royaumes (troisième siècle de notre ère), de vieux textes historiques font mention de ces êtres étranges. On en retrouve la trace à travers l'histoire, à l'époque des Han, des Tang et jusque sous la dynastie des Ching (la dernière qui régna en Chine) dans une monographie locale. Une lanterne a même été retrouvée dans une tombe dont l'une des faces représente un personnage velu correspondant tout à fait aux descriptions faites par les témoignages les plus récents.

Est-il possible qu'il ne s'agisse point d'une de ces vieilles légendes, comme il en circule un peu partout en Chine, retransmises de génération en génération?

Il faut dire que la région où les «sauvages» ont été aperçus n'est pas de celles que l'on traverse tous les jours. Non qu'elle soit éloignée de toutes voies de communication puisqu'elle s'étend à une cinquantaine de kilomètres des rives du Yangzi, au Nord de la petite ville de Badong, dans le Hubei occidental. Mais la montagne de Sheng-Nung-Jia culmine dans ce secteur à plus de 3 000 mètres et elle est entourée d'un vaste plateau d'une altitude supérieure à 2 000 mètres, couvert dans sa majeure partie par une forêt naturelle datant du fond des âges qui n'a jamais été, paraît-il, complètement explorée, mais où l'on sait que survivent quelques-uns des animaux les plus rares de la planète, ours et cerfs à pelage blanc, buffles et chevaux sauvages, le célèbre «singe à poil d'or» et, bien entendu, pandas grands et petits. Alors, pourquoi pas des «sauvages»?

Toujours est-il que l' Académie des sciences de Wuhan décida qu'il fallait en avoir le cœur net ou, du moins, tenter d'éclaircir ce mystère. Sans doute penserait-on qu'elle aurait pu s'en occuper plus tôt. Encore eut-il fallu que les circonstances le permettent. Or le *Journal de la Jeunesse* qui expose toute l'affaire rapporte que l'accent exagéré mis sur la lutte des classes pendant les années qui suivirent la révolution culturelle expose les chercheurs de «sauvages» à se voir accuser de «brouiller les distinctions de classes». Le sujet se prête mal, on l'admettra, à l'application des schémas classiques ou révolutionnaires sur les rapports entre bourgeoisie et prolétariat dans la Chine contemporaine.

Cet obstacle idéologique n'existant plus depuis la chute de la «bande des quatre», une mission scientifique d'enquête a donc été envoyée l'été dernier dans la région de Sheng-Nung-Jia, et ce sont les premiers résultats de ces recherches dont rend compte, le 23 octobre, le *Journal de la Jeunesse.*

Curiosité

Avant cette expédition, l'un des membres de la mission, monsieur Li Guohua, faisait part d'une expérience tout à fait convaincante. Explorant la région au mois de février dernier, il se reposait un jour au pied d'un arbre lorsqu'il entendit soudain des pas crisser sur la neige. Tournant la tête dans cette direction, il aperçut un être haut de deux mètres trente, le corps couvert de poils rougeâtres, qui paraissait flâner entre les arbres. Avec beaucoup de précautions, monsieur Li tenta de s'approcher, mais il était encore à une quarantaine de mètres lorsqu'il heurta malencontreusement une branche. Au bruit, le «sauvage» s'enfuit à toutes jambes. Apparemment peu impressionné d'avoir rencontré un humanoïde, sinon un humain d'un autre âge, monsieur Li épaula son fusil. Malheureusement pour la science, heureusement pour le «sauvage», le coup ne partit pas.

La mission de l'été dernier n'a pas eu autant de chance que monsieur Li et elle est revenue sans que ses membres aient aperçu de leurs propres yeux les étranges créatures qu'ils recherchaient. Mais ils rapportent une moisson d'indices et de témoignages impressionnants.

L'un des récits les plus palpitants est celui d'une jeune paysanne, madame Zhiu Xiangqun, qui, le 19 août dernier, est allée cueillir des herbes à environ un kilomètre de chez elle. Il était neuf heures du matin et, après la pluie de la nuit, le temps était magnifique. À un moment donné, la jeune femme eut sans doute le sentiment qu'elle n'était plus seule, car elle leva la tête. Qu'elle ne fut pas sa surprise d'apercevoir, à une vingtaine de mètres, un personnage velu de plus de deux mètres de hauteur dont la chevelure couvrait largement les épaules et qui, les bras ballants, la fixait intensément. Profondément troublée, madame Zhiu baissa la tête en songeant à s'enfuir.

Mais, rapporte le *Journal de la Jeunesse*, «elle fut piquée de curiosité» et leva de nouveau les yeux. Elle vit alors le «sauvage» qui s'avançait lentement vers elle. Dieu sait ce qui serait arrivé si la peur ne l'avait alors emporté sur la curiosité, précipitant la jeune femme dans une fuite éperdue. Le «sauvage» ne paraissait pas vouloir la rattraper.

Mais dès le lendemain, la mission scientifique — qui se trouvait précisément dans ce secteur au moment de la rencontre — se précipita sur les lieux. Mais hélas! elle n'y découvrit que quelques empreintes, très claires au demeurant, d'une trentaine de centimètres de long.

Le «sauvage» de madame Zhiu était apparemment de petite taille par rapport à ses semblables, car d'autres empreintes, beaucoup plus imposantes, furent relevées. Des moulages en furent réalisés qui montraient un pied de quarante-huit centimètres de long, large de vingt-trois centimètres à la base des orteils et de seize centimètres au niveau du talon. Le pouce formait un angle d'environ quarante degré avec les autres doigts. Rien de commun, assure-t-on, avec les empreintes d'aucun autre animal connu. Quant aux enjambées, elles mesuraient plus de deux mètres et demi. Des poils — ou des cheveux — furent également retrouvés, les plus longs n'ayant pas moins de soixante-six centimètres et, les plus courts, une quinzaine.

Un refuge idéal

Tout cela paraîtra peut-être délirant. Des «sauvages» velus de sept pieds de haut qui courtisent les fermières dans une forêt inexplorée, au beau milieu de la Chine, en plein vingtième siècle? Pourquoi pas des cousins du Yéti?

Qui sait justement? Le directeur de la mission formée par l'Académie des sciences de Wuhan observe, en effet, que le plateau de Sheng-Nung-Jia a précisément été formé à la même époque que l'Himalaya. Son relief complexe en fait un refuge idéal comme en témoigne la présence d'animaux rarissimes, ailleurs disparus, et qui y vivent encore. Outre cette faune variée, les quelque deux mille espèces végétales qu'on y rencontre pourraient, paraît-il, assurer la subsistance d'êtres vivant totalement en marge de toute civilisation.

Les scientifiques du Hubei ne sont pas les seuls, en tout cas, à prendre l'affaire au sérieux. Les Japonais ont déjà sollicité l'autorisation d'envoyer au Sheng-Nung-Jia une mission dont ils assumeraient tous les frais, offrant en outre de livrer à la Chine tout ce qu'ils pourraient en rapporter — y compris, naturellement, d'éventuels spécimens des «sauvages».

Kusa-Hibari

Sa cage mesure exactement deux pouces de haut et un pouce et demi de large. Sa petite porte en bois, montée sur un minuscule pivot, ne laisse même pas entrer le bout du petit doigt. Mais il a suffisamment de place dans cette cage pour bouger à son aise. Il peut marcher, sauter, voler librement; en fait, il est si petit que l'on doit regarder avec attention pour avoir la chance de le voir l'espace d'un instant. Il faut tourner la cage dans tous les sens, sous une bonne lumière, afin de l'apercevoir, le plus souvent perché dans un des coins supérieurs, suspendu au toit de gaze.

Imaginez un criquet de la taille d'un moustique avec une paire d'antennes plus longues que son corps et si fines qu'il n'est possible de les voir qu'en pleine lumière. Kusa-Hibari, de son nom japonais, vaut sur le marché exactement douze cents, c'est-à-dire beaucoup plus que son pesant d'or. Le jour, lorsqu'il n'est pas occupé à butiner une tranche d'aubergine ou de concombre qu'on doit mettre dans sa cage tous les matins, il dort ou il médite. S'assurer que son criquet est toujours propre et bien nourri vous paraît sans doute étrange. Si vous le voyiez, vous

.rouveriez idiot que quelqu'un se donne tant de mal pour une créature si minuscule.

Mais, chaque fois que le soleil descend à l'horizon, son âme miniature se réveille et la pièce devient remplie d'une délicate musique d'une beauté indescriptible. Un son d'une finesse et d'une telle richesse, qu'on dirait le tintement d'une minuscule cloche électrique. Tantôt son chant semble s'intensifier pour remplir la maison entière d'une résonance féérique, tantôt celui-ci s'étire, ténu, pour se fondre dans le silence. Mais fort ou faible, son chant conserve toujours une aura de mystère, une beauté sans pareille. Il chante ainsi toute la nuit et ne cesse que lorsque pointent les premiers rayons du soleil.

Ce chant est un chant d'amour — l'amour intangible de l'inconnu et de l'invisible. Cette bestiole n'a jamais rien vu ni connu dans cette existence qu'est la sienne. Et ce sort, elle le partage avec ses ancêtres qui, depuis de nombreuses générations, n'ont rien connu des nuits dans les champs, ni de la raison d'être de leur chant divin.

Les œufs à l'intérieur desquels ils ont atteint leur maturité ont éclos dans un vase d'argile dans la boutique d'un marchand d'insectes. Et dès lors, ils ont été confinés dans leur cage. Cependant, Kusa chante le chant de son espèce comme il est chanté depuis des myriades d'années et avec une telle précision qu'on dirait qu'il connaît sciemment la valeur de chaque note, de chaque silence. Bien sûr, il n'a pas appris ce chant. Ce chant est inscrit dans une mémoire organique, une mémoire qui s'est transmise à travers des quintillions de vies qui se sont toutes éteintes sur les collines dans la rosée des matins. Ce chant apportait alors l'amour... et la mort. Il a tout oublié de la mort, mais il se souvient de l'amour. Et il chante encore pour sa fiancée qui jamais ne viendra.

La faute n'est pas entièrement mienne. On m'avait bien averti que s'il venait à s'accoupler, il cesserait de chanter et mourrait bientôt. Mais nuit après nuit, ce chant doux, plaintif et vain me touchait comme un reproche... À la fin, il m'était devenu une telle obsession, une telle affliction, un tel tourment de conscience, que j'essayai de lui trouver une femelle. Mais il était trop tard dans la saison, il ne restait plus aucun kusa-hibari à vendre, mâle ou femelle. Le marchand d'insectes se mit à rire et me dit : «Il aurait dû mourir autour du vingtième jour de septembre.» (Nous étions déjà le deux octobre.) Mais le marchand d'insectes ignorait que mon criquet était suspendu au-dessus d'un four maintenu constamment à trente degrés Celsius. À l'approche du mois de novembre, mon criquet chantait toujours et j'espérais pouvoir l'entendre jusqu'à l'arrivée des grands froids. Tous ceux des siens étaient probablement morts et, ni par amour ni par le profit, n'avais-je pu lui trouver une partenaire. J'aurais pu lui rendre sa liberté pour qu'il fasse lui-même sa recherche, mais il n'aurait pas survécu une seule nuit, même s'il avait eu la chance d'échapper à tous ses prédateurs naturels.

La nuit dernière, le vingt-neuvième jour de novembre, une drôle de sensation s'est emparée de moi lorsque j'ai pris place à mon bureau; une sensation de vide emplissait la pièce. J'ai soudainement pris conscience que mon criquet était silencieux. Je suis allé vers sa cage et je l'ai trouvé sans vie au côté d'un morceau d'aubergine sec et sans couleur. De toute évidence, il n'avait pas été nourri depuis trois ou quatre jours. Pourtant, la nuit précédant sa mort, il chantait avec encore plus de splendeur et, dans ma stupidité, je le croyais simplement plus heureux que d'habitude. Mon étudiant, Aki, qui adore les insectes, le nourrissait chaque jour. Mais cette semaine, Aki avait profité d'un congé pour passer la semaine à la campagne et c'est Hana, la bonne, qui avait temporairement été chargée de prendre soin du criquet. J'aurais pourtant dû le savoir, connaissant Hana.

Elle affirma qu'elle n'avait pas oublié la mite — appeler mon criquet une mite! — mais qu'il ne restait plus d'aubergine... Elle n'avait pas pensé à remplacer l'aubergine par du concombre ou de l'oignon... Elle regrettait visiblement son manque de vigilance, mais la musique céleste s'était tue...

«C'est absurde!», me dis-je. J'ai rendu une fille malheureuse à cause d'un insecte plus petit qu'un grain de

riz. Pourtant, la mort de ce minuscule morceau de vie me troublait comme je ne l'aurais jamais cru possible... Je pensais à cette créature qui, nuit après nuit, appelait inlassablement sa fiancée, mais en vain. Avec quel bravoure il avait ainsi chanté jusqu'à la fin, une fin atroce puisqu'il avait dévoré ses propres pattes pour survivre. Que Dieu nous pardonne... surtout Hana!

Mais après tout, dévorer ses propres pattes par la faim n'est pas le pire qu'il puisse arriver à un être affligé d'un tel don musical. Il y a des criquets humains qui doivent dévorer leur propre cœur pour chanter. (Texte extrait des *Sélections* du Reader's Digest.)

* * *

Lorsqu'il est important de respecter une certaine chronologie ou une certaine séquence, disposez les sous-thèmes (flèches) les uns à la suite des autres dans le sens des aiguilles d'une montre. Vous pouvez commencer où bon vous semble, à midi, à 9h ou à 3h, l'important étant de conserver toujours le même point de départ.

Vous pouvez également utiliser l'approche du serpentin. Jetez un coup d'œil à la page 163 qui résume le contenu du prochain chapitre, ou à la fin du livre pour le résumé imagé du livre, et toute explication deviendra superflue.

Si vous avez bien compris de quelle façon fonctionne le cerveau d'un point de vue mnémonique, vous verrez rapidement tout l'intérêt de la prise de notes imagées. L'habileté à prendre des notes de façon imagée vient avec la pratique. Au début, les images se font rares et la pensée synthétique, souvent peu utilisée, arrive mal à trouver de judicieux mots- clés. Mais avec le temps et l'expérience, la prise de notes imagées se révèle un moyen efficace et puissant.

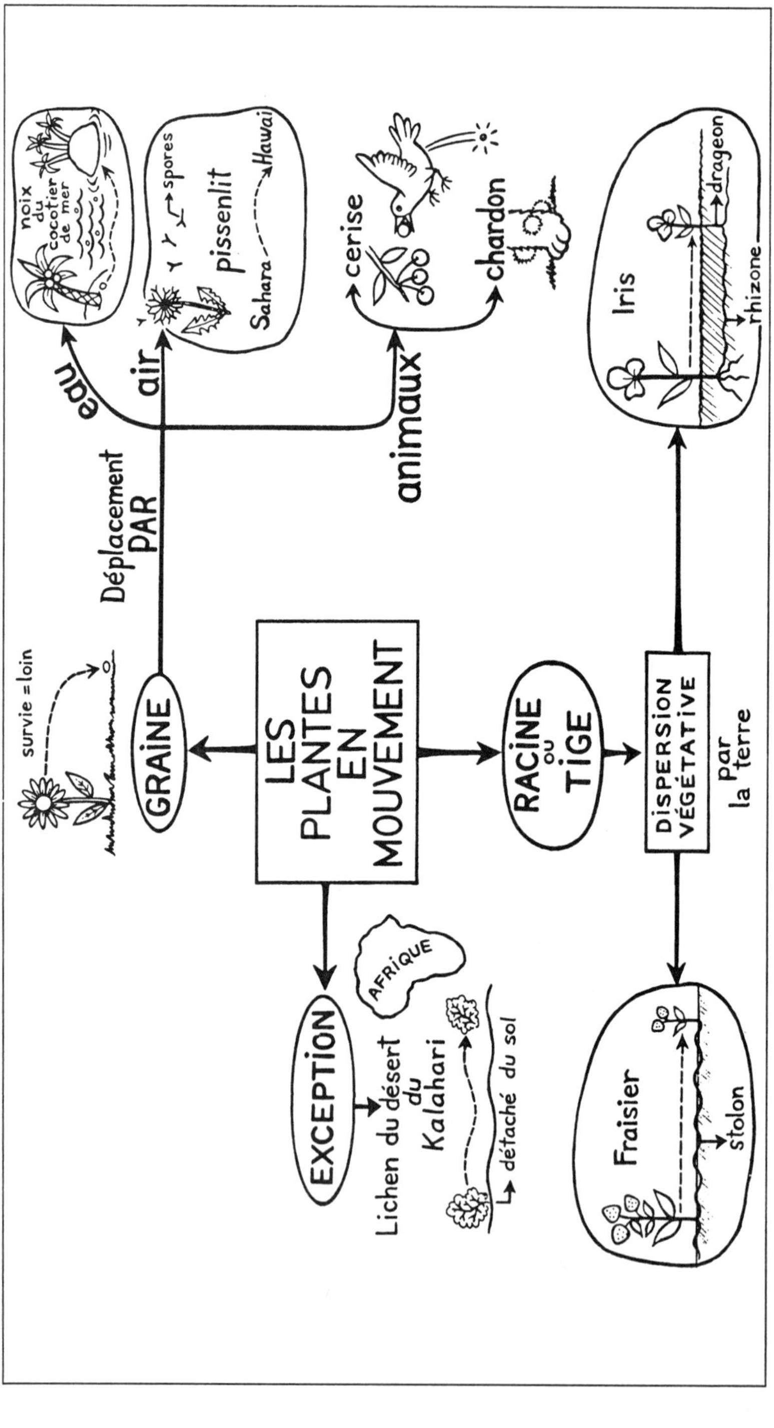

Carte mentale résumant le texte *Les plantes en mouvements.*

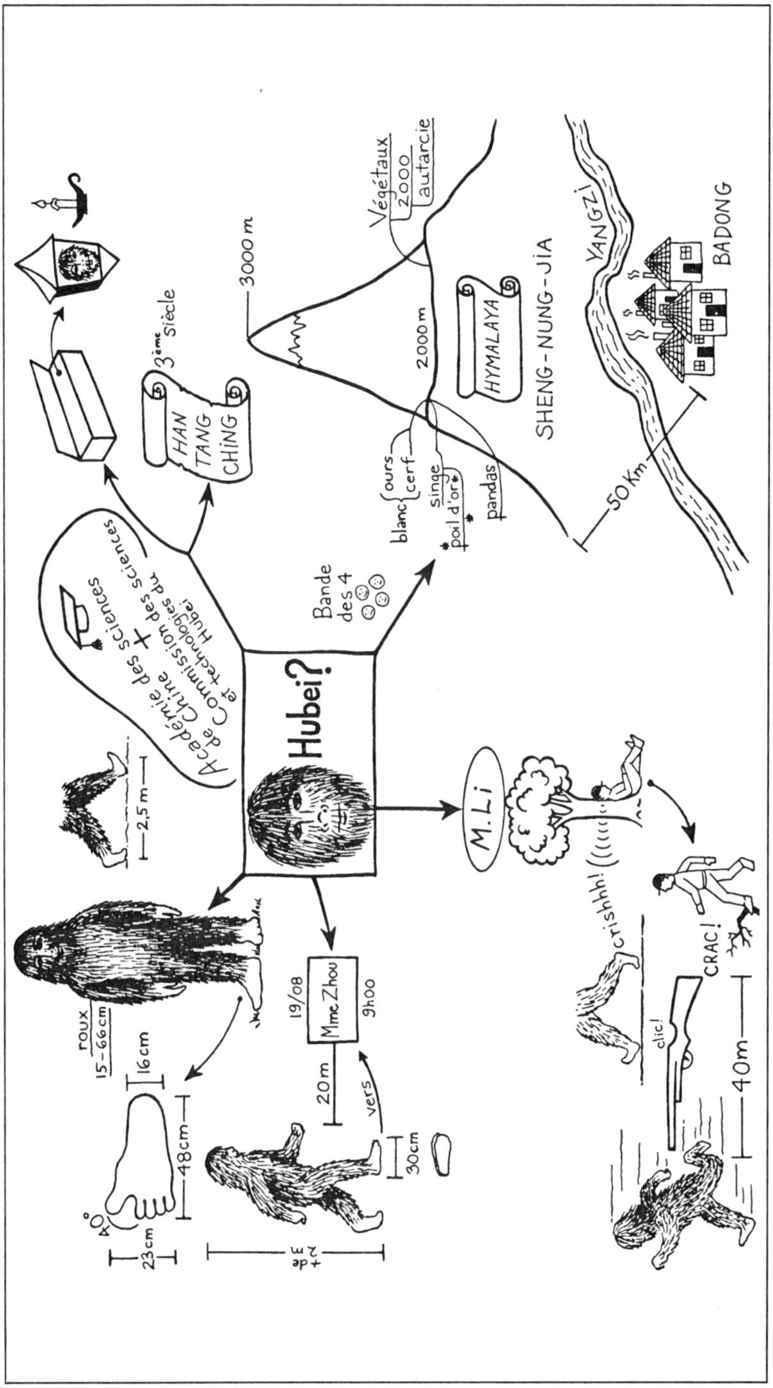

Carte mentale résumant le texte *Les sauvages du Hubei.*

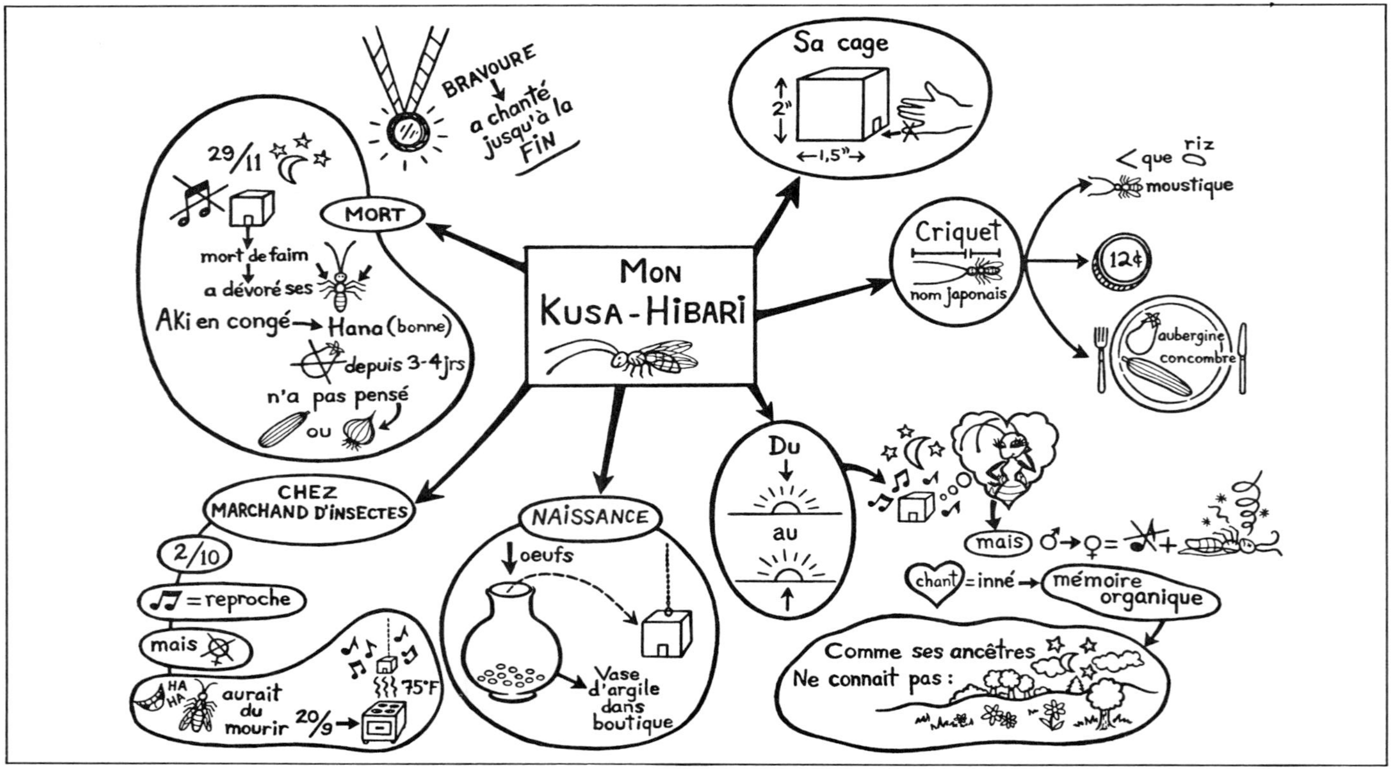

Carte mentale résumant le texte *Kusa-Hibari.*

Chapitre 10

LE SURAPPRENTISSAGE ET LES CONCERTS PASSIFS

Maintenant que nous connaissons bien les différents éléments nous permettant d'apprendre plus rapidement et d'augmenter notre mémoire, soit la latéralisation des hémisphères cérébraux, les différents styles d'apprentissage, la relaxation, la musique, les ondes cérébrales α et θ, la visualisation, la mnémotechnique et la prise de notes imagées, revenons sur les travaux du Dr Lozanov.

L'approche pédagogique du Dr Lozanov, la suggestopédie, comprend, à la fois et de façon inhérente, un aspect technique et un aspect psychologique ou «relationnel». L'aspect technique s'appuie sur les éléments mentionnés précédemment, tandis que l'aspect relationnel appartient au domaine de la communication. Dans ses fondements, l'approche suggestopédique s'applique dans un contexte enseignant-étudiant. Par son comportement, son langage non verbal, sa façon de présenter l'information, l'enseignant favorise au maximum l'essor du potentiel d'apprentissage de ses étudiants. En ce qui nous concerne, nous pouvons nous inspirer de la suggestopédie et de son aspect technique pour bâtir une méthode que nous pourrons appliquer seul, hors du contexte enseignant-étudiant.

L'approche du Dr Lozanov a le mérite de s'appuyer sur plusieurs éléments que nous avons vus, au cours des chapitres précédents, concernant la «neurologie» de l'apprentissage et la mnémotechnie et de cumuler ainsi l'apport bénéfique de ces différents éléments. Il est surtout question de la visualisation, de la musique, de la mémoire associative, de la relaxation et d'un nouvel élément qui constitue le cœur de l'approche de Lozanov : **le concert passif** dans lequel entre en jeu la **respiration synchronisée**.

Les travaux du Dr Lozanov suggèrent qu'à l'instar des différents rythmes qui gouvernent la vie animale — rythme circadien, cardiaque, endocrinien, etc. —, nous avons ce que nous pouvons appeler un rythme mnésique. Comme le mentionne la tradition yoguique lorsqu'elle affirme que «le souffle est la monture de l'esprit», ce rythme mnésique est dominé par la respiration contrôlée ou synchronisée. Voyons donc ce qu'est le concert passif dans lequel se conjuguent la respiration et les différents éléments évoqués précédemment.

Le concert passif est un moyen permettant d'ancrer dans la mémoire à long terme une information à laquelle nous avons été préalablement exposés. C'est-à-dire qu'avant d'utiliser le concert passif, l'information à mémoriser doit avoir été vue à travers les trois fenêtres (VAK), comprise et manipulée mentalement par la mnémotechnie. Exprimer l'information sous forme de prise de notes imagées favorisera également les associations et les images qui s'imprégneront par la suite, pendant le concert passif. Le concert passif consiste essentiellement à adopter un rythme respiratoire particulier, à recevoir l'information en relaxation profonde pendant la rétention du souffle et sur un fond de musique baroque de rythme largo.

Le rythme respiratoire utilisé par le Dr Lozanov est le 2-4-2. C'est-à-dire une inspiration de deux secondes, une rétention de quatre secondes pendant laquelle l'information est lue et une expiration de deux secondes. Des expériences personnelles faites au fil des années semblent cependant démontrer que le rythme 4-8-4 donne d'aussi bons résultats, sinon de meilleurs. La rétention de huit secondes permet de faire davantage d'associations, de construire des images mentales et de répéter mentalement les informations. La rétention de huit secondes pourrait cependant poser problème pour ceux ayant une faible capacité pulmonaire. Adoptez, dans ce cas, le rythme avec lequel vous serez le plus à l'aise.

Pour préparer le concert passif, il faut donc fragmenter l'information en affirmations de quatre ou huit secondes. Ces affirmations seront lues pendant la rétention du souffle. Si vous travaillez seul, vous pouvez enregistrer préalablement, les affirmations sur une cassette que vous écouterez par la suite en profonde détente, sur un fond de musique baroque. Les affirmations seront lues ou enregistrées et écoutées selon le rythme suivant :

	Inspiration (2 ou 4 secondes)	Rétention (4 ou 8 secondes)	Expiration (2 ou 4 secondes)
Enregistrement	silence	lecture de l'affirmation-clé	silence
Écoute	préparation et réceptivité	écoute et visualisation	répétition mentale

Pendant le concert passif, il importe d'être à la fois passif et actif. Passif, en ce sens qu'il ne faut pas réfléchir sur l'information ni faire d'effort pour mémoriser. Une bonne partie des connaissances véhiculées par les affirmations sont acquises, en quelque sorte, de façon inconsciente. Mais il faut être actif, en ce sens qu'il faut donner libre cours à l'imagination afin que le mental fasse des liens et des associations entre les connaissances nouvelles et des images, des symboles ou des connaissances faisant déjà partie de notre mémoire ou de notre savoir. Nous avons déjà largement insisté sur l'importance de faire des associations en utilisant la visualisation et l'imagination.

Voici donc comment, d'un point de vue pratique, tout ce que nous avons vu jusqu'à présent se conjugue avec la respiration pour donner le concert passif.

UNE SÉANCE DE SURAPPRENTISSAGE

1. Synthétisez l'information à mémoriser sous forme d'affirmations-clés de 4 ou 8 secondes que vous enregistrerez sur cassette toutes les 4 ou 8 secondes, comme indiqué précédemment.

2. Prenez une minute ou deux afin de faire quelques exercices favorisant l'harmonisation des hémisphères cérébraux.

3. Écoutez la cassette en lisant le texte afin d'avoir une entrée, à la fois auditive et visuelle, et ce, tout en pratiquant la respiration synchronisée. S'il vous venait des images, exprimez-les sous forme de prise de notes imagées. Laissez courir votre imagination, laissez surgir les associations; bref, soyez mentalement actif.

4. Faites ensuite une profonde relaxation. Détendez-vous complètement tout en gardant votre esprit vigilant et alerte. Le cerveau sera alors en ondes alpha. Utilisez l'une des deux techniques de relaxation décrites au chapitre correspondant. Si vous prenez l'habitude de vous relaxer toujours avec la même musique, vous aurez de plus en plus de facilité à le faire à cause du conditionnement engendré; et d'autant plus, si vous utilisez une musique baroque qui, à elle seule, favorise grandement la détente.

5. Prenez quelques minutes, en profonde relaxation, pour faire des affirmations mentales afin d'éliminer les idées voulant que l'apprentissage soit quelque chose de difficile. Dites, par exemple : «Tout mon potentiel d'apprentissage s'exprime librement dans la détente et le plaisir.» Puis, visualisez-vous dans une situation en train d'utiliser avec brio et maîtrise les connaissances que vous voulez apprendre.

6. Créez un espace mental, une carte, un contexte global dans lequel vous allez inscrire les connaissances que vous désirez mémoriser.

7. Démarrez le magnétophone et adoptez le rythme respiratoire approprié. Synchronisez votre respiration de façon à ce que la rétention du souffle se fasse pendant que vous parlez sur la cassette. Pendant l'audition, encore une fois, laissez courir votre imagination.

8. Après cette séance d'écoute, souvenez-vous de ce que nous avons dit concernant les courbes de rétention. Voyez à réviser les connaissances apprises quelques minutes après la séance, le lendemain, une semaine et un mois plus tard. Si vous préparez un examen, vous pouvez conserver la cassette et vous en servir au moment de la révision.

Un simple calcul nous permet de conclure qu'en près de quatre-vingt-dix minutes — soit une vingtaine de minutes pour la relaxation et les visualisations, une quarantaine de minutes pour l'audition de la cassette, avant et pendant la séance de surapprentissage, une dizaine de minutes pour la révision immédiatement après la séance et une vingtaine de minutes pour la révision le lendemain, une semaine et un mois après la séance —, la technique du surapprentissage permet de maîtriser une quantité impressionnante de renseignements. Un enregistrement d'une vingtaine de minutes permet de parcourir une centaine d'affirmations-clés pouvant couvrir plusieurs pages de texte.

Par exemple, pour l'apprentissage d'une nouvelle langue, si l'on considère que le langage usuel permettant de lire un journal populaire ou de poursuivre une conversation normale est composé d'environ 2000 mots, il est possible de faire cet apprentissage en moins de vingt-quatre heures! Il ne reste ensuite qu'à la pratiquer.

Lorsqu'on travaille seul, il est parfois ardu de lire le texte, de le fractionner en segment de huit secondes, de l'enregistrer sur cassette et, finalement, de s'installer pour en faire l'audition. Avec la pratique, très souvent, le texte est appris et maîtrisé avant même d'avoir écouté la cassette. Avec un peu d'entraînement, la technique du surapprentissage peut alors être utilisée de la façon suivante :

1. Mettez de la musique baroque comme musique de fond et détendez-vous bien;

2. Lisez le texte à apprendre en répétant mentalement les phrases clés pendant la rétention du souffle. Vous devez alors bien utiliser la visualisation de façon active;

3. Prenez des notes de façon imagée par des dessins et des schémas de sorte que l'hémisphère droit soit bien engagé dans le processus d'apprentissage,

4. Faites une révision le lendemain, puis une semaine et un mois plus tard.

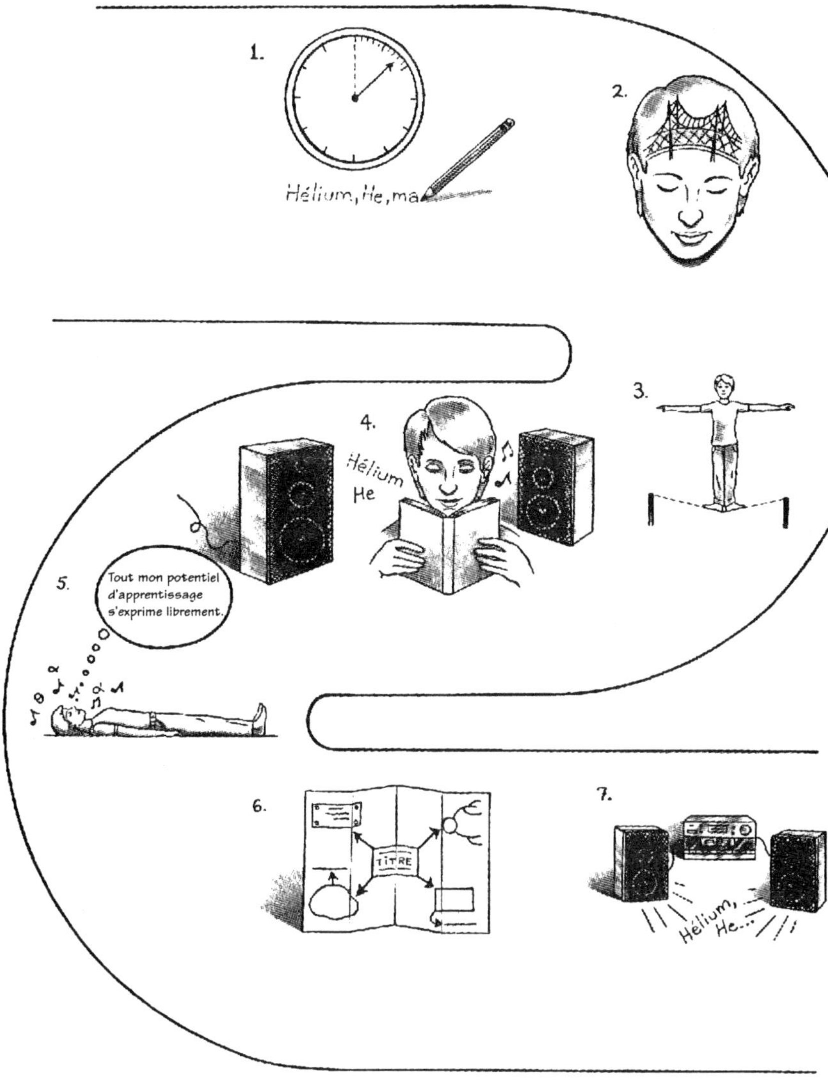

1. Structurez l'information en affirmations de 8 secondes et enregistrez-les.
2. Harmonisez bien les deux hémisphères de votre cerveau.
3. Équilibrez vos énergies.
4. Faites une première écoute en lisant les affirmations.
5. Détendez-vous profondément.
6. Créez une carte mentale ou un contexte pour recevoir l'information.
7. Sans effort, laissez venir les images et répétez mentalement les affirmations.

Chapitre 11

LECTURE RAPIDE ET LECTURE... INTELLIGENTE

La plupart d'entre nous ont appris à lire vers l'âge de six ans. Nous avons appris à lire syllabe par syllabe et depuis, nous n'avons guère progressé, si ce n'est que nous avons augmenté modestement notre vitesse de lecture. Nous lisons toujours mot à mot, en prononçant chaque mot mentalement, mais nous le faisons simplement plus rapidement.

Notre attitude pendant la lecture a également quelque chose de puérile. Nous prenons un livre et nous le lisons d'un trait, d'un bout à l'autre. Ce n'est pas nous qui soumettons le livre à nos besoins, c'est en quelque sorte lui qui nous impose son rythme et son contenu. Nous oublions que bien qu'un livre nous permette d'acquérir de nouvelles connaissances ou de nous enquérir de l'opinion d'un auteur sur un sujet en particulier, il demeure avant tout un outil qu'on utilise afin d'aller chercher certains renseignements pertinents pour **nos** besoins personnels. Un livre ne doit pas nous mener docilement de la première à la dernière page. C'est lui qui doit nous livrer ce que **nous** désirons savoir. Pour y arriver, il faut lire de façon active, de façon intelligente. Nous verrons donc, dans le présent chapitre, des éléments de lecture rapide et ce que j'appelle la lecture active ou lecture intelligente.

LA LECTURE RAPIDE

Une personne normale lit entre 150 et 300 mots à la minute. Avec quelques trucs et un entraînement minimal, il est possible de doubler cette vitesse de lecture. Mais avec un entraînement sérieux et rigoureux, il n'est pas rare de pouvoir lire jusqu'à 1500 mots à la minute ou même davantage. Prenez un livre moyen d'environ 250 pages, vous le lirez en moins d'une heure!

Doublez votre vitesse de lecture

Pour doubler votre vitesse de lecture, rien de plus simple. Si vous observez bien quelqu'un en train de lire, vous verrez que ses yeux bougent de gauche à droite avec de fréquents mouvements de saccades vers la gauche. Sur une seule ligne, vous pourrez observer parfois jusqu'à une dizaine de ces retours vers l'arrière. Ces mouvements sont tout à fait normaux d'un point de vue neurologique, inutiles en ce qui a trait à la lecture et ils constituent une perte de temps.

Pour éliminer ces mouvements rétrogrades, il suffit de fournir un guide à l'œil et le meilleur est le doigt. Le doigt sert de guide et l'œil le suit de façon rectiligne. Faites-en l'expérience. Lisez comme d'habitude un texte d'environ 1000 mots en vous chronométrant. Puis, choisissez un autre passage d'environ 1000 mots et lisez-le, cette fois, en soulignant chaque ligne avec le doigt. Avez-vous augmenté votre vitesse de lecture? Sans doute.

Décupler votre vitesse de lecture

Pour arriver à augmenter la vitesse de lecture de façon considérable, il faut un entraînement plus sérieux et plus assidu. Cet entraînement se fait à trois niveaux :

- augmentation de la souplesse des muscles oculaires;
- développement de la vision périphérique;
- développement de la lecture idéographique.

Souplesse des muscles oculaires

Nous avons déjà parlé des troubles de convergence oculaire. Dites-vous bien que vous ne pourrez jamais être un lecteur rapide émérite si vous avez des troubles de convergence. Il faut donc avant tout rétablir une parfaite harmonie au niveau de l'oculomotricité. Une fois cette rééducation accomplie, si besoin il y a, la première étape est d'augmenter la souplesse des muscles oculaires.

Les muscles oculaires, au nombre de six, sont parmi les muscles les plus forts du corps par rapport au travail qu'ils doivent accomplir. Cependant, bien qu'ils soient tout à fait adaptés à leur tâche, ils demeurent le plus souvent sous-utilisés. Lorsque nous regardons à gauche ou à droite, c'est la tête que nous tournons le plus souvent. Les yeux ne font qu'un faible mouvement latéral dans l'orbite oculaire avec, pour conséquence, un manque de souplesse des muscles oculaires. Or, si nous voulons acquérir une bonne vitesse de lecture, cette souplesse est essentielle.

Voici un exercice simple et efficace qui permettra de bien étirer la musculature oculaire.

Asseyez-vous confortablement et regardez le plus loin possible, successivement en haut, en bas, à gauche, à droite et selon les

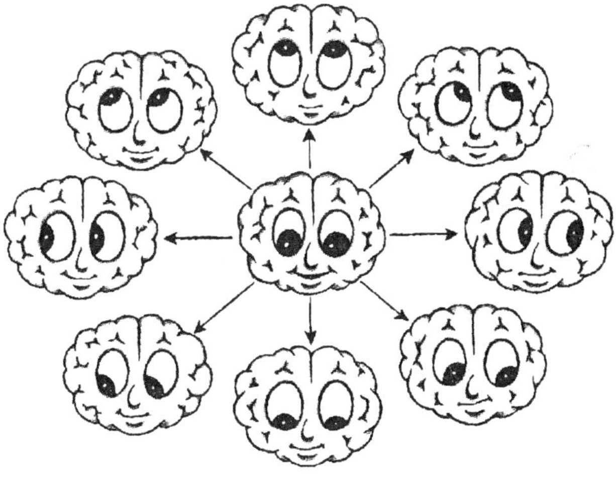

deux diagonales croisées. Dans chacune de ces directions, maintenez l'étirement pendant une dizaine de secondes. Si vous ressentez quelques légères douleurs, c'est que cet exercice tombe juste à point.

Faites cet étirement oculaire quelques fois par jour : au réveil, pendant une pause ou au repas. Les muscles oculaires deviendront souples en une semaine au plus. En plus de vous disposer à la lecture rapide, sachez que cet étirement oculaire pourrait très bien faire disparaître les migraines provoquées par la lecture, si tel est le cas.

Développement de la vision périphérique

La rétine de l'œil se divise en deux parties : la région centrale, appelée **fovéa,** responsable de la vision binoculaire et la région périphérique assurant la vision périphérique, comme son nom l'indique.

Faites l'exercice suivant. Arrêtez-vous quelques instants et fixez un point à quelques mètres devant vous. Tout en conservant la fixation sur ce point, vous constaterez qu'il vous sera également possible de voir et d'identifier plusieurs objets présents autour de vous. Vous percevez ces objets grâce à votre vision périphérique.

Maintenant, fixez le point dans le court texte qui suit et, toujours en conservant la fixation sur ce point, tentez de lire le plus de mots possible de part et d'autre.

La lecture rapide ne résulte pas
d'un mouvement plus rapide des
yeux, mais d'un nombre moindre de
fixations avec une meilleure
vision périphérique.

Dans la lecture normale, il y a fixation successive sur chaque mot et le plus souvent prononciation mentale de chacun des mots. Par contre, dans la lecture rapide, il n'y a que deux ou trois points de fixation par ligne et, chez les lecteurs très rapides, un seul point de fixation peut parfois couvrir le contenu de plusieurs lignes de texte.

L'œil ne voit clairement que lorsqu'il est immobile. Regardez de près quelqu'un qui observe un objet en mouvement, vous ne verrez pas une poursuite régulière des yeux, mais une série de saccades avec autant de points de fixation pendant lesquels les yeux s'immobilisent pendant une fraction de seconde. Aussi, chez le lecteur rapide, ce ne sont pas les yeux qui bougent plus vite — ils sont d'ailleurs souvent plus lents — mais le nombre de fixations qui diminue avec une augmentation concomitante de la vision périphérique. Il y a moins de fixations, et chacune d'entre elles couvre une surface plus grande.

L'objectif est donc de développer une plus grande acuité au niveau de la vision périphérique, de façon à voir, pour chaque fixation, un plus grand nombre de mots. Ainsi, on diminue le besoin de multiplier les fixations et on augmente d'autant la rapidité de lecture.

COMMENT DÉVELOPPER LA VISION PÉRIPHÉRIQUE?

Premièrement, entraînez-vous en fixant un point sur un mur ou quelque part dans l'espace tout en essayant de voir le plus grand nombre d'objets dans l'espace environnant. Lorsque vous vous promenez sur le trottoir, fixez un point au loin ou un point imaginaire et efforcez-vous de lire les affiches et les écriteaux en gardant toujours les yeux fixés sur le point initial. Identifiez tous les objets que vous croisez de près ou de loin. Ce faisant, vous développerez votre vision périphérique quotidiennement, sans devoir y consacrer un temps précis.

Un deuxième exercice consiste à fixer un mot dans un texte et à essayer de voir le plus grand nombre de mots, tout en conservant la fixation sur le mot initial. Pratiquez-vous sur les groupes de mots ci-dessous. Fixez le mot du centre et identifiez successivement de part et d'autre le premier mot au-dessus et en dessous, puis le second et, ainsi de suite, toujours en fixant le mot du centre.

cas	lot	mat	pli
caser	lotus	malle	plein
cis	las	mot	plu

gui	oi	dos	fri
guide	toile	doses	frère
guêpe	tuile	danse	frêle
gué	tue	dan	fol

lac	dix	ail	col
lacer	douce	aller	coupe
lacérer	doubler	alléger	courant
lance	duvet	aimer	coule
las	duc	ans	cou

foi	loi	nez	pas
folle	longe	neige	passé
foliote	lombago	nerveux	passage
fouille	lombric	nervure	pasteur
fouet	limbe	neuve	pâtée
fou	lit	nue	pat

écu	ver	mis	pou
écume	verre	miser	poule
écusson	verdure	minceur	pourpre
écorchure	verrières	miniature	pouponner
économise	vendanger	ministère	pomponner
écolier	vendeur	minaret	pompier
échos	vente	minou	ponte
élu	vin	moi	pot

sec	tas	gaz
sèche	tarte	gazon
segment	tardive	gazoduc
séjourner	tarentule	gaspiller
ségrégation	tambouriner	gastronomie
seigneuriages	tapageusement	gargantuesque
sémanticien	taquineries	gargouillis
semailles	tapissier	galvauder
semaine	tapioca	galoper
semer	tapis	galon
sel	tan	gai

Vous réalisez sans doute que lorsque vous pourrez lire ainsi, avec un seul point de fixation, quatre, cinq ou six lignes à la verticale et que vous pourrez, avec deux ou trois points de fixation, couvrir la totalité du texte à l'horizontale, vous lirez une page moyenne de 300 mots en moins de dix secondes, ce qui équivaut à un livre moyen de 300 pages en moins d'une heure.

Troisième exercice. Procurez-vous un roman bon marché. Assurez-vous qu'il soit des plus ennuyeux afin que l'envie de le lire ne vous prenne, car ceci gênerait l'exercice.

Tracez sur le texte deux ou trois traits verticaux et lisez le texte en ne fixant, pour chaque ligne, que les traits. Vous aurez ainsi sur chaque ligne deux ou trois points de fixation. Au début, concentrez-vous uniquement à identifier chaque mot, même si votre compréhension s'avère nulle. Souvenez-vous que le but de l'exercice est strictement de développer la vision périphérique. Vous comprenez maintenant pourquoi le livre le plus ennuyeux sera le plus approprié!

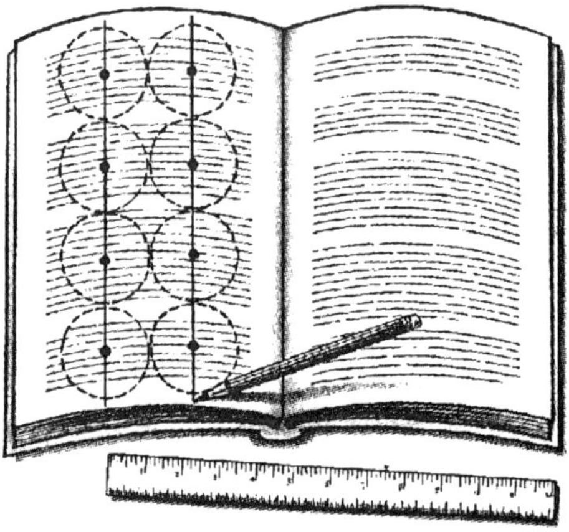

Pratiquez-vous sur le texte suivant. Tranquillement, sans que vous n'ayez à faire d'efforts particuliers, une bonne compréhension s'installera et, après quelques semaines, vous vous surprendrez à lire ainsi avec un taux de compréhension et de rétention supérieur à vos lectures antérieures.

Lisez le texte suivant :

Je ne voudrais pas entrer indûment dans la controverse concernant le végétarisme, à savoir si l'homme a, oui ou non, un réel besoin de nourriture carnée ou s'il peut amplement subvenir à ses besoins en s'abstenant de consommer de la viande. L'histoire démontre, de façon irréfutable, que l'homme peut se satisfaire pleinement et même avantageusement à un régime végétarien. Penser autrement reviendrait à nier l'existence de peuples tels que les Hindous qui ne consomment aucune viande, ou celle d'hommes tels que Pythagore, Platon, Virgile, Léonard de Vinci, Newton, Pascal, Jean-Jacques Rousseau, Benjamin Franklin, Washington, Lamartine, Kant, Henri-David Thoreau, Tolstoï, Gandhi et beaucoup d'autres qui ont marqué le cours de notre histoire. Ces hommes avaient tous cette particularité : ils étaient tous végétariens. Cependant, vouloir prétendre que l'homme ne peut vivre en consommant de la chair serait aussi une sotte négation de l'histoire. À ce moment, c'est l'existence de la plus grande partie de l'humanité qui serait niée.

Mais justement, devant l'état de santé de cette plus grande majorité, santé physique et psychique, pouvons-nous être à même d'affirmer qu'un régime carné est ce qui convient le mieux à l'homme?

Platon considérait le végétarisme comme l'une des conditions essentielles pour échapper aux contraintes du monde matériel. Un de ces disciples, Porphyre, écrivit à ce sujet un traité touchant de l'abstinence de la chair des animaux.

Développement de la lecture idéographique

En soi, les exercices décrits précédemment permettront de développer la lecture idéographique. Mais avant tout, qu'est-ce que la lecture idéographique?

Lisez ces deux mots :

svioni voisin

Lequel avez-vous lu le plus rapidement? «Voisin», sans doute.

Pourtant, ces deux mots contiennent exactement les mêmes lettres. La différence réside dans le fait que vous avez déjà été exposé au mot «voisin» et que vous le reconnaissez. Vous n'avez pas à identifier chaque lettre pour décoder le mot; vous le reconnaissez un peu comme s'il s'agissait d'un dessin, d'un pictogramme. Il en est de même si vous lisez ce mot :

Vous reconnaîtrez sans doute le mot «voisin»; pourtant, il n'y a ici aucune lettre, seulement des traits évoquant le mot «voisin».

Nous avons ainsi la capacité de lire les mots non pas en les déchiffrant, mais en les reconnaissant d'un point de vue morphologique. Auparavant nous avions l'habitude de faire une lecture auditive, en prononçant chaque mot mentalement. Maintenant, nous nous entraînerons à faire une lecture purement visuelle. Comme vous le constaterez, c'est sans doute là l'élément le plus difficile : combattre cette vieille habitude qui nous vient de notre premier apprentissage de la lecture, soit la lecture auditive.

La démarche est pourtant simple, ce n'est qu'une question d'entraînement, de persévérance et de régularité dans la pratique Pour développer la lecture idéographique ou purement visuelle, reprenez votre roman ennuyeux, dans lequel vous avez tracé vos traits verticaux, et lisez-le tel que décrit précédemment, mais cette fois en comptant mentalement Le fait de compter vous rendra impossible la prononciation mentale des mots.

Encore une fois, vous n'aurez au début qu'un faible taux de compréhension. Appliquez-vous seulement à bien **reconnaître** chaque mot. Tranquillement, vous verrez s'installer la compréhension et vous constaterez combien la lecture visuelle est relaxante et — après de sérieux efforts, il va sans dire — beaucoup plus facile que la lecture auditive.

Une fois vos muscles oculaires bien étirés, votre vision périphérique bien aiguisée et votre esprit devenu silencieux pendant la lecture, vous serez prêt à attaquer la lecture rapide.

Il faut garder à l'esprit qu'un livre est un outil et que la lecture n'est qu'un moyen. L'objectif n'est pas de lire le plus vite possible, mais d'adapter sa vitesse de lecture à la difficulté du texte, à la pertinence des passages et selon l'information que vous cherchez. Vous ferez tantôt un survol rapide, tantôt une lecture plus lente s'il s'agit de concepts nouveaux ou d'un vocabulaire inhabituel; lorsque vous serez en terrain connu, votre lecture sera rapide et sélective, et lorsque le sujet vous sera sans intérêt, vous escamoterez littéralement plusieurs pages. Mais même à 1200 mots par minute, votre compréhension sera très bonne.

Vous devez adopter un mouvement très souple, comme celui décrit ci-dessous. En début de paragraphe, là où est généralement exprimée l'idée maîtresse du paragraphe, vous resserrerez légèrement le mouvement et, une fois cette idée bien saisie, vous pourrez accélérer sans perdre d'information.

Prenez note que dans le dessin précédent, le tracé indique le mouvement du doigt. Souvenez-vous que pour bien voir, l'œil doit être immobile, aussi ce dernier ne suivra-t-il pas cette trajectoire continue, mais fera quelques points de fixation permettant de couvrir le texte entier.

Plus le sujet d'un texte vous sera familier, plus vous pourrez lire rapidement. Le fait de vous attarder légèrement en début de paragraphe est une façon de vous familiariser avec le contenu de chaque paragraphe. Encore une fois, nous ne le répéterons jamais assez, un livre est un outil et il faut l'utiliser avec la plus grande souplesse.

Lisez le texte suivant :

Avant que ne soit tissé le pont entre l'Orient et l'Occident, et avant que l'Orient n'imposât au monde occidental sa richesse à plusieurs égards, le végétarisme était souvent considéré en Occident comme synonyme de pauvreté. Pourtant, de tout temps, le végétarisme a connu de vaillants défenseurs. Un bref survol de l'histoire suffit à nous montrer qu'il a toujours eu de nombreux adeptes et qu'il fut prisé à maints égards par nombre de ceux qui ont marqué notre destinée.

Ce texte contient 85 mots. Maintenant, relisez le même texte qui ne contient cette fois que les mots-clés : 28 mots.

Avant [...] le pont entre l'Orient et l'Occident [...] le végétarisme synonyme de pauvreté [...] vaillants défenseurs [...] toujours eu nombreux adeptes [...] prisé par nombre qui ont marqué notre destinée.

Votre compréhension est-elle moins bonne?

Pour être agréable, un texte doit être complet. Cependant, du point de vue de l'information, il y a énormément de redondance et plusieurs mots s'avèrent inutiles. Au début, il n'est pas rare de nourrir une sorte de culpabilité de ne pas lire intégralement chaque mot. Mais vous constaterez rapidement que non seulement vous avez une bonne compréhension même si vous lisez rapidement et escamotez quelques mots, mais qu'elle sera très souvent accrue. Le fait de cumuler une bonne quantité d'informations dans un laps de temps plus restreint favorise les liens, les associations et donne une vue d'ensemble beaucoup plus grande du sujet traité.

Mais arrêtons-nous ici, car nous glissons tranquillement dans ce que j'appelle la lecture intelligente. Maintenant que nous lisons rapidement, voyons **comment** lire un livre.

LA LECTURE INTELLIGENTE

Nous avons déjà mentionné, lorsque nous avons parlé de mnémotechnie et de mémoire associative, l'importance d'avoir une vue globale d'un sujet avant de l'approfondir. La lecture intelligente s'appuie, entre autres, sur ce principe.

Le temps est beaucoup trop précieux pour que nous le gaspillions à lire des choses qui se révèlent souvent inutiles ou pour relire deux fois un même ouvrage parce que la première lecture n'a laissé que peu de traces dans notre mémoire. Alors, comment lire un livre pour en tirer le maximum et l'essentiel?

La lecture d'un livre se fait en quatre temps. Premièrement, le **survol**, deuxièmement la **prélecture**, troisièmement la **lecture** et finalement, la **relecture**.

Le survol

Le survol d'un livre consiste à y soutirer tous les renseignements qu'il peut nous fournir pour nous permettre de situer l'ouvrage et de s'en faire une image globale, un canevas mental.

Premièrement, le **titre**. Évident, me direz-vous, mais pouvez-vous me donner le titre des trois derniers livres que vous avez lus? De celui que vous êtes en train de lire?

Un bon titre nous donne beaucoup d'indices sur le contenu d'un livre et constitue un bon élément mnémotechnique. Qu'il soit ironique, métaphorique ou provocateur, ou tout simplement neutre et descriptif, le titre nous en dit long sur le tempérament de l'auteur et la façon avec laquelle il entend traiter son sujet. Est-il écrit en lettres conventionnelles, stylisées ou encore cursives? Cet élément nous en dit également long sur l'ouverture d'esprit, le conformisme ou la légèreté de l'auteur. Bien sûr, on ne jugera pas un livre sur son seul titre, mais le fait de s'y arrêter quelques secondes pourrait nous en faire sauver plusieurs par la suite. En **quelle année** fut écrit l'ouvrage? Vous ne lirez pas avec la même attitude un livre portant sur la constitution canadienne s'il a été écrit en 1993 ou en 1963; ou un livre sur la condition des femmes datant des années 60, car la situation a largement évolué depuis; ou un livre d'histoire traitant de l'avènement du christianisme s'il date d'avant la découverte des manuscrits de la Mer Morte; ou, encore, un ouvrage scientifique de pointe s'il date de plus de cinq ans, etc.

Puis, arrêtez-vous à **la table des matières**. En parcourant celle-ci, vous voyez les différents sujets abordés par l'auteur, ce qui permet de placer l'ensemble du livre dans un contexte global.

Est-ce un livre d'histoire? De quelle époque s'agit-il? Quel est le domaine couvert? Quels sujets sont abordés? Peut-on déceler une opinion de l'auteur? Peut-on voir un fil conducteur, une idée maîtresse?

Est-ce un livre de philosophie? De quoi y parle-t-on? De l'histoire de la philosophie? D'un philosophe en particulier? De l'évolution de la pensée philosophique d'un auteur? Peut-on établir une continuité et voir ce que l'auteur veut démontrer ou exprimer? Etc.

À cette étape-ci, si le livre semble vous intéresser ou vous être utile pour un travail quelconque, c'est également une excellente idée de diviser les sujets abordés et de préparer une carte mentale du livre, comme démontré au chapitre *La prise de notes imagées*.

Puis, terminez cette étape du survol en feuilletant le livre de façon sommaire afin d'y glaner certains détails pertinents. Par exemple, la dédicace, l'idéologie ou la personne à qui le livre est dédié en dit long sur l'auteur.

Arrêtez-vous quelques instants sur les figures ou les images et lisez-en les légendes. Ne dit-on pas qu'une image vaut mille mots? Si les concepts abordés dans le livre sont bien illustrés par des photos, des dessins, des schémas ou des graphiques, vous aurez alors une excellente idée du livre, ce qui en rendra la lecture beaucoup plus facile. Vous aurez l'impression en le lisant d'être en terrain connu. Toutefois, ne vous perdez pas dans ce survol. Il n'a pour but que de vous familiariser avec l'ouvrage et de vous donner une idée du contenu et de la façon dont sera traité le sujet. La compréhension et la rétention en seront grandement améliorées.

La prélecture

Une fois le survol terminé, faites une lecture partielle de l'ouvrage. Vous constaterez que très souvent l'idée maîtresse d'un paragraphe est exprimée dans sa première phrase et que celle d'un chapitre est exprimée dans son ou ses premiers paragraphes. Le reste n'en constitue que le développement. Ceci est particulièrement vrai pour un article de journal ou de revue.

La prélecture consiste donc à lire le ou les deux ou trois premiers paragraphes de chaque chapitre jusqu'à ce que le sujet du chapitre soit bien saisi. Parfois, il ne suffit que de quelques lignes. Ainsi, lisez d'abord les deux ou trois premiers paragraphes de l'introduction. En fait, lisez-en suffisamment pour bien saisir quel est le point de départ de l'auteur et de quelle façon il entend traiter son sujet. Puis lisez les premiers paragraphes de la conclusion. Ainsi, vous aurez bien cerné les points de départ et d'arrivée; vous saurez d'où part l'auteur et vers où il désire vous amener. Puis, lisez les premiers paragraphes de chaque chapitre. Pendant cette prélecture, évitez de souligner ou d'annoter le livre. Ce qui vous apparaît important ou pertinent deviendra très souvent secondaire à la suite d'une lecture plus approfondie.

L'objectif de la prélecture est :

- d'aller un peu plus loin que le survol afin de bien saisir l'idée générale du livre et de voir comment l'auteur traite son sujet;
- de s'exposer de façon sommaire au contenu de l'ouvrage afin que la lecture subséquente se fasse en quelque sorte

en terrain connu et de créer un canevas général favorisant les associations et les images;

- de juger si le livre vaut la peine d'être lu; si son contenu est susceptible de nous apporter quelques informations pertinentes.

Vous serez étonné de constater qu'une brève prélecture vous livre souvent l'essentiel d'un ouvrage et qu'une lecture complète ne vous en révélerait guère davantage. Cette étape constitue une économie de temps considérable dans la préparation d'un examen ou d'une thèse. En outre, si la prélecture vous révèle que finalement le livre ne correspond pas à ce que vous laissait sous-entendre le titre, alors vous venez d'épargner quelques heures de lecture. Par contre, si la prélecture ne fait que vous mettre en appétit, alors vous vous lancerez immédiatement dans la lecture de cet ouvrage.

La lecture

J'ai très longtemps considéré les livres comme quelque chose de presque sacré. Je ne les ouvrais jamais à pleine amplitude afin de ne pas les abîmer. Jamais je n'écrivais à l'intérieur d'un livre et si, pour une raison quelconque, je devais le faire, c'était toujours au crayon de plomb, et si pâle que c'en était à peine visible. Puis un jour, à l'université, un ami me passa un livre couvert d'annotations de toutes les couleurs, souligné de toutes parts et avec plusieurs coins de pages pliés. Ma réaction fut immédiate : «Quel manque de respect envers un livre!» La sienne le fut tout autant : «C'est son contenu qui importe, le reste n'est que du vulgaire papier.» Il venait, en quelques mots, de sabrer dans mon immuable respect pour tout ce qui était écrit. En un instant, je pris conscience de mon attitude puérile envers les livres. Depuis, chaque livre que je lis devient littéralement un chantier de travail.

Encore une fois — encore et toujours — un livre est un outil de travail et tout est justifié pour nous permettre d'en extraire autant d'informations que possible. C'est pendant la lecture que vous prendrez des notes, que vous soulignerez et que vous annoterez le livre.

Pendant la lecture, vous mettrez aussi en pratique ce que nous avons dit sur la lecture rapide. Le fait que vous ayez fait une bonne prélecture vous permettra d'avoir une bonne vitesse de croisière. Vous lirez en accélérant lorsque l'auteur aborde des notions ou des sujets que vous connaissez déjà, ou qui vous sont impertinents ou inutiles, et vous ralentirez lorsqu'un passage requiert plus d'attention.

Lorsque vous lisez un passage plus difficile et que vous n'êtes pas certain d'en avoir saisi tout le sens, que certains renseignements vous ont visiblement échappé, laissez une note dans la marge ou en haut de la page et pliez-en le coin; vous y reviendrez à la relecture. Vous constaterez que souvent ce qui suit éclaire ce qui vous semblait un peu nébuleux.

Lisez tout le livre ainsi. Évidemment, il est plus que permis de sauter complètement des passages ou même des chapitres qui ne vous sont d'aucun intérêt. C'est vous le patron!

Lorsque vous soulignez au crayon de plomb ou au marqueur, évitez de faire comme certains qui soulignent tellement, qu'à la fin, il eût été préférable de souligner le titre et de ménager son crayon! À l'intérieur d'un paragraphe, ne soulignez que les mots-clés ou les expressions pertinentes qui ont une valeur mnémotechnique. Si le paragraphe en entier est à souligner, alors faites un trait vertical dans la marge. Gardez toujours à l'esprit que le fait de souligner n'a pour but que de faire ressortir ce qui sera important de lire lors de la révision. Soulignez toujours en vous projetant mentalement au moment de cette révision. Ne soulignez pas selon votre humeur ou par enthousiasme parce que l'auteur pense comme vous. Ceci ne fera qu'alourdir votre révision ou votre relecture. Soulignez un peu comme si, en isolant certains passages, vous réécriviez un livre fait spécifiquement pour vous.

Laissez-vous aller également à faire des annotations dans les marges latérales, ainsi qu'en haut et en bas de page. Des annotations en prise de notes imagées vous permettront, par exemple, de repérer rapidement des passages particuliers, en plus de constituer un élément mnémotechnique intéressant. Ces annotations peuvent résumer, dans vos mots, le contenu d'un paragraphe ou d'une page, faire le lien avec une information lue précédemment ou encore avec certaines de vos connaissances personnelles. C'est un peu comme si vous entreteniez un discours avec le livre, comme si vous le faisiez vôtre. C'est ce qu'on appelle la **lecture active**. Cette façon de lire augmente énormément ce que vous retiendrez d'un livre après en avoir fait la lecture.

Encore une fois, ne soulignez et n'annotez que ce qui vous permettra de retrouver le fil conducteur du raisonnement ou un élément complémentaire important qui vous sera utile lors de la révision. Tout excès dans ce sens ne fera qu'alourdir votre révision et votre relecture.

Finalement, gardez à l'esprit que nos difficultés ou nos «lacunes» changent avec le temps et que ce qu'il est important de souligner aujourd'hui pourrait très bien être secondaire, voire futile, dans quelques semaines. Aussi, voyez à donner à votre annotation une dimension chronologique, comme l'utilisation de couleurs. Annotez et soulignez en bleu lors de la première lecture. Lors de votre révision, annotez et soulignez en vert ce qui échappe encore à votre mémoire ou à votre compréhension. Puis, dans la préparation d'un examen, soulignez et annotez en rouge ce qui pose toujours problème. Ce seront les seuls éléments sur lesquels vous aurez à vous arrêter et à investir du temps, voire à consulter votre professeur. Vous sauverez ainsi un temps considérable.

Si vous lisez un livre dans le but d'en rédiger un résumé ou d'en faire un travail thématique, laissez-vous aller en cours de lecture, si l'inspiration vous vient à la suite de tel ou tel passage, à écrire une partie du travail. Souvent, la lecture sur un sujet donné fait resurgir à l'esprit ce que nous savons déjà sur ce thème et ceci nous inspire sur la façon d'aborder la question.

Si vous lisez un passage que vous désirez citer, soulignez-le avec une couleur spécifique et continuez votre lecture. À la fin, vous n'aurez qu'à retranscrire toutes ces citations qui pourront être utilisées intégralement ou qui pourront tout simplement vous inspirer dans votre propre rédaction. En lisant plusieurs livres, vous aurez ainsi un bon nombre de citations ou de passages contenant les idées maîtresses de ce que vous voulez exprimer. Vous pourrez les classer par sujets et les utiliser pour bâtir votre propre raisonnement. Vous pourrez ainsi faire un travail de synthèse d'une grande qualité.

La relecture

Cette étape n'est pas toujours nécessaire. Si vous avez bien saisi tout le contenu du livre à la lecture, il n'y a aucun besoin d'en faire la relecture. La relecture consiste à revenir sur les passages les plus importants ou les plus denses qui véhiculent des éléments-clés. C'est une façon très intéressante également — souvenons-nous des courbes de rétention — de faire une première révision rapide et de fixer à la mémoire ce que nous avons à retenir de cet ouvrage.

En mettant conjointement en pratique la lecture rapide et la lecture intelligente, en plus d'épargner un temps précieux, vous augmenterez votre compréhension et votre rétention de façon étonnante. N'oubliez jamais qu'un livre est une merveille de richesses, mais ce n'est, malgré tout, qu'un outil de travail!

Chapitre 12

ALIMENTATION ET APPRENTISSAGE

D'aucun est prêt à admettre, d'un point de vue théorique et suivant le simple bon sens, qu'une alimentation saine et équilibrée favorise le travail intellectuel et l'apprentissage. Cependant, dans la pratique, que savons-nous des relations entre l'alimentation et les «performances intellectuelles»?

Jetons un coup d'œil aux différentes recherches faites dans ce domaine et faisons le tour de la question. La plupart de ces travaux, dont certains datent des années 70, ont été faits avec des enfants, car le milieu scolaire permet une évaluation plus facile. Plusieurs des conclusions s'appliquent toutefois autant aux adultes qu'aux enfants.

Premièrement, un apport insuffisant en énergie calorique et en protéines chez le nourrisson entraîne dans l'enfance certains retards intellectuels. Ces retards peuvent s'améliorer si l'alimentation est éventuellement corrigée, mais sans jamais ramener la situation à la normale. Ceci se comprend aisément quand on considère qu'à la naissance le système nerveux n'a pas encore atteint sa pleine maturité et que le corps est en pleine croissance. Une carence en protéines empêche le bon développement du système nerveux et du corps entier. Une carence en fer est fréquemment rencontrée chez les enfants ayant des problèmes d'attention

Dans ce cas, le manque d'attention semble être dû au manque d'énergie inhérent à la condition anémique causée par la carence en fer puisque ces enfants possèdent malgré tout un quotient intellectuel normal. Le fait de combler les carences en fer renverse l'anémie et améliore la situation de façon notoire, mais encore une fois, sans jamais ramener l'enfant à un degré d'attention considéré comme normal. Il faut donc veiller à prévenir ce genre de carence.

Toujours chez les enfants, le petit déjeuner est également un facteur important lorsqu'on considère l'attention et la concentration. On retrouve chez les enfants ayant des troubles scolaires, une proportion beaucoup plus forte d'enfants qui ne prennent pas de petit déjeuner. L'absence de petit déjeuner est également reliée à une moins grande rapidité de résolution de problèmes, à une moins bonne concentration, à une moins bonne mémoire à court terme ainsi qu'à une tendance à démontrer plus facilement de l'agressivité.

La question du petit déjeuner touche davantage les enfants que les adultes. En effet, non seulement bon nombre d'adultes fonctionneront-ils mieux sans petit déjeuner, mais certains pratiqueront même le jeûne afin de stimuler la concentration et favoriser le travail intellectuel. Pour plusieurs, le jeûne est un excellent moyen pour se disposer à l'écriture ou à l'étude. C'est un peu comme si, pendant un jeûne, toute l'énergie investie dans la digestion devenait disponible pour le cerveau.

Il serait inopportun ici de s'étendre davantage sur la question du jeûne, mais mentionnons simplement que l'équation habituellement faite voulant qu'un apport alimentaire égale un apport en énergie et, par conséquent, une meilleure concentration, n'est pas toujours vraie. Le cas du sucre constitue un bon exemple. Il est bien connu que le cerveau se nourrit essentiellement de sucres simples dont le glucose. Seulement, le fait de consommer des sucres simples n'améliore en rien la concentration et le travail intellectuel, au contraire. Plusieurs travaux démontrent clairement qu'une forte consommation de sucre chez les enfants favorise une plus grande activité physique voire, dans certains cas, un comportement hyperactif, une tendance à faire davantage d'erreurs, un temps d'attention plus court et un plus fort taux d'absentéisme. On rencontrerait également une plus forte consommation de sucre chez les enfants ayant des troubles d'apprentissage.

Le lien entre la consommation de sucres simples, l'augmentation de l'activité et le manque d'attention est physiologiquement bien connu. Les sucres simples ne nécessitant pas de digestion lorsqu'on les consomme, ils passent immédiatement dans le sang. Cette augmentation subite de sucre dans le sang entraîne une sécrétion massive d'insuline qui provoque, après une brève sensation d'énergie, un état d'hypoglycémie prédisposant à la somnolence et diminuant l'attention et la concentration. Demandez à n'importe quel enseignant de niveau primaire dans quel état se trouvent ses élèves le lendemain de l'Halloween et vous verrez jusqu'à quel point la consommation de sucre peut affecter le comportement.

Toutefois, cette cascade physiologique ne survient pas lorsqu'il y a consommation de sucres complexes comme ceux que l'on retrouve dans les céréales, les fruits et les légumes, les algues ou les pâtes alimentaires. Ces sucres nécessitent un temps de digestion et passent donc lentement dans le sang. Plutôt que d'avoir une augmentation marquée et rapide du taux de sucre, on obtient une augmentation plus modérée, mais plus prolongée. La sensation d'énergie est donc moins importante, mais elle est soutenue et elle ne provoque pas d'hypoglycémie. Donc, bien que le cerveau se nourrisse de sucres simples, il faut laisser le soin au corps de métaboliser les sucres complexes que nous offre la nature, de les digérer et de les livrer lentement, à petites doses, au cerveau. Aussi, préférez les fruits et les légumes au chocolat et aux gâteaux de même que les jus naturels aux jus reconstitués.

Récemment, des travaux effectués par le département de nutrition de l'Université de Montréal (Québec, Canada) en collaboration avec le Conseil scolaire de l'Île de Montréal ont mis en évidence les conséquences de certaines carences en vitamines et minéraux sur les performances académiques[1]. De façon générale, on note chez les enfants ayant des difficultés en mathématiques et en langues des carences en protéines, vitamine D, calcium, phosphore et magnésium ainsi qu'une tendance à manquer de potassium, de zinc et d'**acide folique**. Les enfants présentant différents troubles de comportement, tels que la turbulence, le manque d'attention, le manque d'application au travail et la fatigue, démontrent, de façon générale, des carences en vitamines B dont la pyridoxine (B_6), en calcium, potassium et magnésium. De plus, ces travaux ont corroboré ce qui était déjà connu concernant la consommation de sucre et l'incidence du petit déjeuner chez les enfants. À la lumière de ces résultats, la question qui se pose est de quelle façon pouvons-nous combler ces carences et apporter au corps le nécessaire afin de favoriser un rendement intellectuel optimal?

De toute évidence, il importe avant tout d'adopter une bonne alimentation qui procure à l'organisme tout ce dont il a besoin. Ainsi, faut-il bannir les sources de sucres simples comme le sucre blanc, les liqueurs douces, les gâteaux et les friandises, et mettre l'accent sur les fruits, les légumes et les céréales. Pour les enfants, les produits laitiers demeurent essentiels, au point de vue épidémiologique.

Mais à cause de la pauvreté des aliments que l'on retrouve de plus en plus sur le marché, en dépit d'une alimentation équilibrée et sainc, il est souvent nécessaire de consommer des suppléments en vitamines et minéraux. On peut alors faire appel aux complexes vitaminés ou aux extraits de végétaux qui fourniront au corps à peu près tout ce dont il a besoin. Ces suppléments sont disponibles dans n'importe quel marché d'alimentation naturelle. Toutefois, bien que ceci soit discutable, plusieurs éléments nous amènent à croire que les suppléments synthétiques ou isolés n'ont pas toujours les valeurs nutritives qu'on leur attribue. Aussi, arrêtons-nous quelques instants sur deux merveilles que nous offre la nature et qui ne demande qu'à être cueillies sans aucune transformation : les algues bleues et le pollen.

Les algues bleues

Les algues d'eau douce, en particulier les algues bleues, sont bien connues pour leur richesse en minéraux dont le calcium, le fer, le magnésium, le manganèse, le phosphore, le sélénium, le potassium et le zinc, tous nécessaires au bon fonctionnement du système nerveux. Les algues sont également très riches en bêta-carotène, ou provitamine A, et elles contiennent en quantité substantielle les vitamines du complexe B et du stérol qui se transforme en vitamine D sous l'action des rayons solaires. De plus, les algues bleues sont le seul aliment d'origine végétale à contenir tous les acides aminés essentiels dans des proportions identiques aux besoins du corps humain. Or plusieurs de ces acides aminés sont connus pour leur rôle dans l'équilibre des fonctions du système nerveux. Mais au-delà de l'approche théorique s'appuyant sur la composition chimique des algues bleues, ces dernières sont bien connues pour stimuler la concentration et supporter le travail intellectuel.

Le pollen

Le pollen contient une concentration élevée d'acides animés dont plusieurs sont essentiels. Le pollen contient environ quatre fois plus de protéines que la viande et deux fois plus que le fromage. Le pollen contient également du glutamate, un neurotransmetteur très important dans les fonctions cérébrales. Il contient aussi en quantité substantielle un bon nombre de vitamines dont celles du complexe B, de la bêta-carotène, de la vitamine E et D. Sa teneur en vitamine D en fait un complément alimentaire intéressant en période hivernale, du point de vue de l'apprentissage et pour la santé en général. Le pollen contient également de la rutine, un glucide mis en évidence par des chercheurs russes. La rutine favorise une bonne élasticité et une bonne résistance des capillaires. Elle est souvent utilisée en supplément pour les personnes présentant des problèmes de mémoire afin de favoriser une bonne irrigation sanguine du cerveau.

Finalement, mentionnons certains éléments qui, bien que secondaires, sont pourtant intéressants. La diffusion de certaines huiles essentielles dans l'atmosphère de la salle d'études favorise l'éveil des facultés intellectuelles. Les huiles de citron, de vanille et de muscade, par exemple, tendent à faciliter l'attention et la concentration. La consommation d'un mélange égal d'huile de coriandre et d'huile de muscade est connu pour favoriser une bonne mémoire. Pour consommer des huiles essentielles, il suffit de diluer initialement une goutte ou deux dans un peu de miel que l'on mélange ensuite à un peu d'eau tiède. Ce mélange d'huiles peut également être utilisé en friction de quelques gouttes sur les tempes, derrière les oreilles et sur le plexus solaire.

Pour ma part, j'utilise souvent un mélange d'huiles de coriandre, de sarriette, de géranium, de pin, de menthe, de romarin et de muscade pour favoriser la concentration. Il suffit d'appliquer ce mélange en friction sur les tempes, sur la nuque, derrière les oreilles, sur le plexus solaire et le long de la colonne vertébrale.

Le ginkgo-biloba retient également l'attention, depuis quelques années, comme plante favorisant la mémoire. Le ginkgo-biloba semble agir sur la résistance et l'élasticité des capillaires tout comme le pollen de fleurs. D'ailleurs, d'un point de vue purement symbolique, il est intéressant de considérer que le ginkgo-biloba est un arbre très ancien pouvant vivre plusieurs siècles.

En conclusion, bien que les différents moyens mentionnés précédemment soient des adjuvants intéressants pour favoriser la concentration et une bonne activité intellectuelle, il faut toujours garder à l'esprit que notre aptitude à l'apprentissage résulte d'un ensemble de facteurs aussi divers que l'alimentation, l'atmosphère familiale, l'activité physique, la confiance en soi (élément capital) et les méthodes de travail. Bien que l'alimentation soit un facteur plus que déterminant, il n'est qu'un des facteurs influant sur l'aptitude à la concentration et à l'apprentissage.

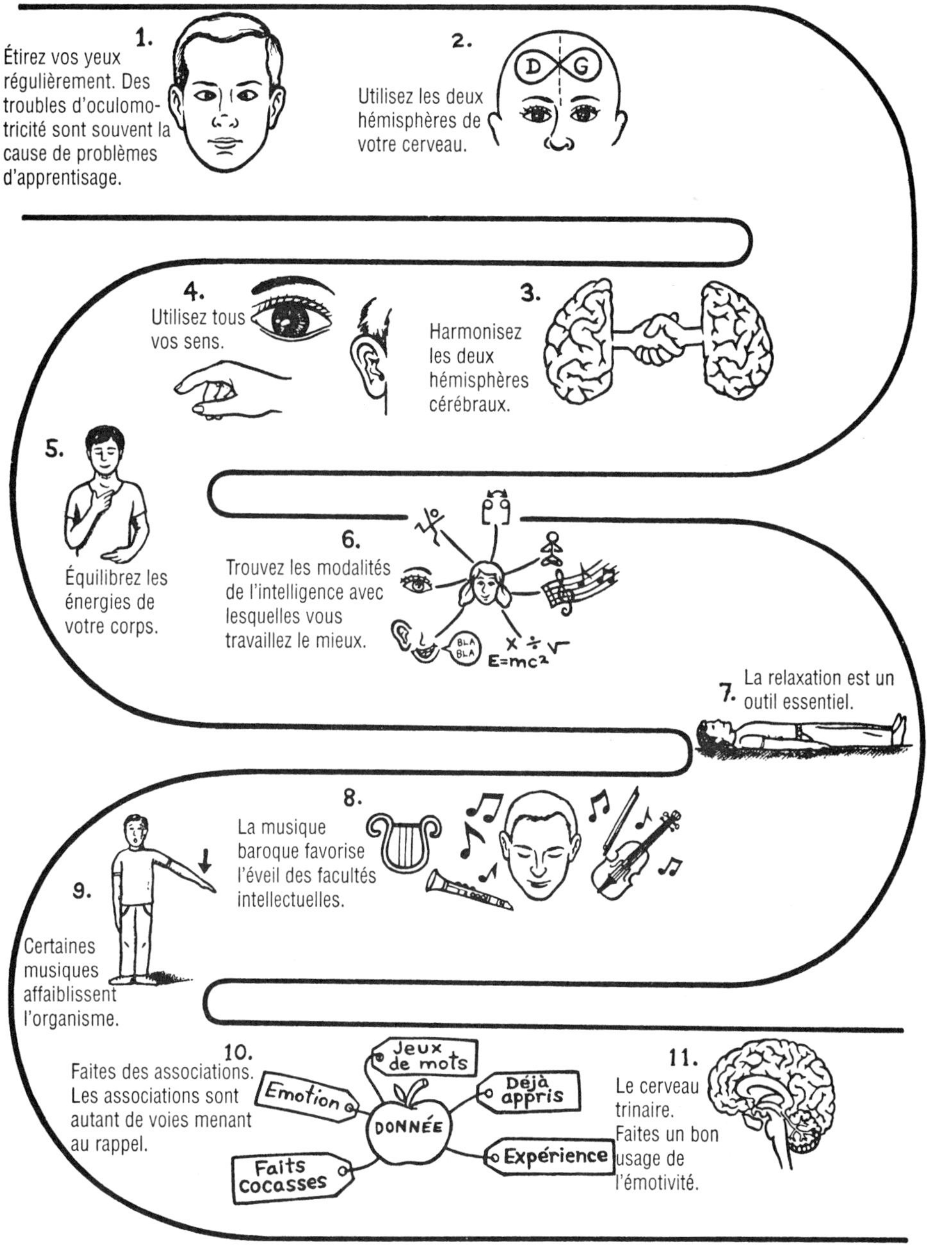

Carte mentale résumant le présent livre.

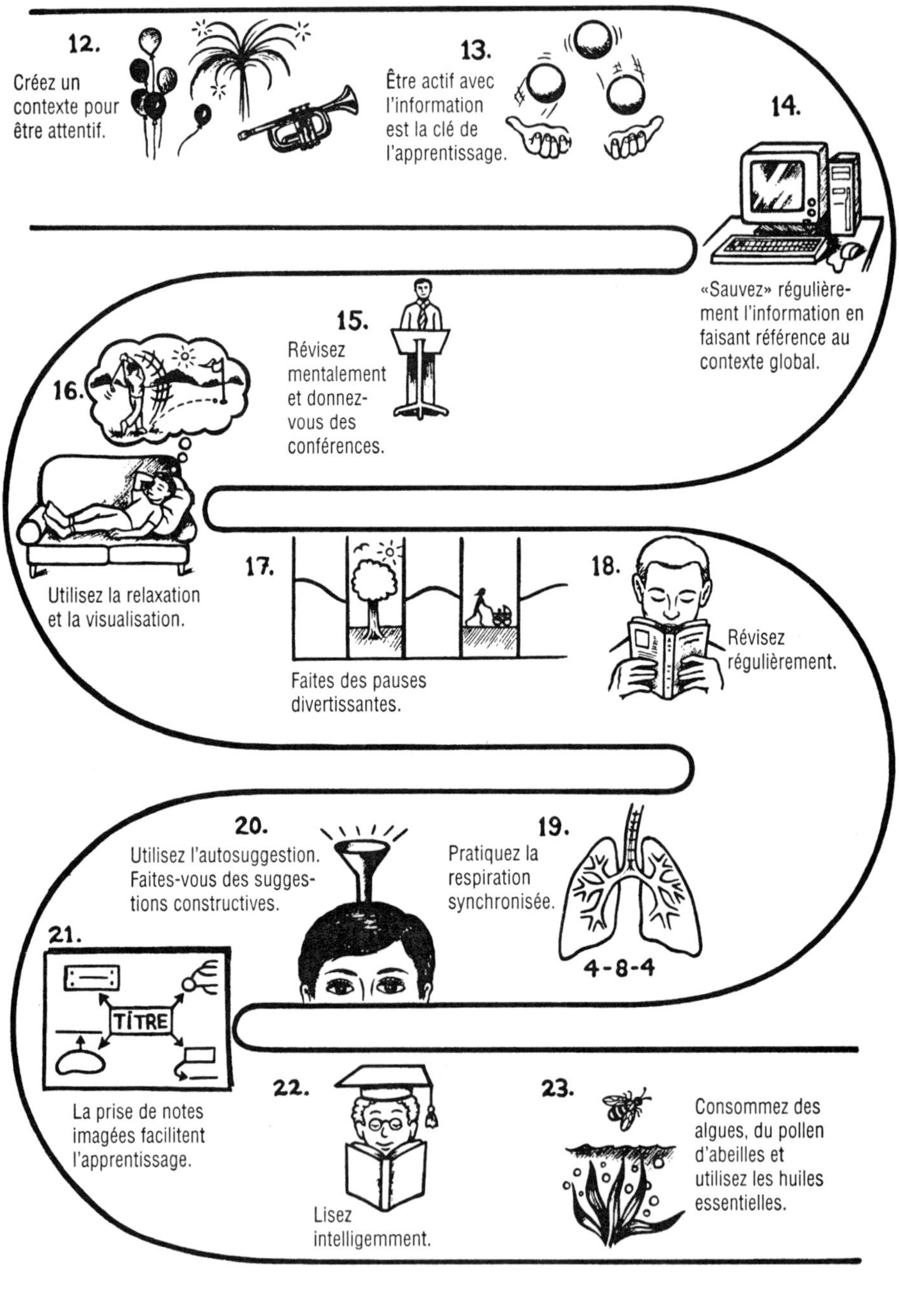

Carte mentale résumant le présent livre.

RÉFÉRENCES

Chapitre 1

1. Bancroft W.J. *Discovering the Lozanov Method*, Soc. Acc. Learning and Teaching, 1 (4), 1976, p. 263-268.
2. La respiration synchronisée consiste à adopter un certain rythme respiratoire sur lequel l'information est lue pendant la rétention du souffle. Cet aspect est abordé au chapitre sur le surappentissage et les concerts passifs.

Chapitre 2

1. Consultez le *Centre Bien-être et Posture* (CIUP) au (514) 646-4327.
2. Nous sommes reconnaissants au Dr Bernard Bricot, directeur du Centre International de l'Étude de la Statique à Marseille, qui a développé et enseigné la posturologie, ainsi qu'à Christophe Cron qui a implanté et développé la posturologie au Québec.
3. Cet exercice, enseigné par Jean-Pierre Sauvé, s'appelle l'«équilibre assis» et fait partie d'une thérapie appelée restructuration posturale.

Chapitre 3

1. Carl Sagan. *The Dragons of Eden*, Random House, N.Y., 1977.

Chapitre 6

1. Pour des informations sur le procédé Hemi-Sync, vous pouvez communiquer avec Sylvestre Gorniak au (514) 351-3870. Des cassettes de musique sont également vendues chez plusieurs libraires.

Chapitre 8

1. Il est possible de se procurer l'Équiroule en joignant Michaël Zayat, au (514) 534-1871.
2. Adaptez l'exemple à votre cas.

Chapitre 12

1. Houde Nadeau; Cotnoir, Michelle et Bernard. *Problèmes nutritionnels et performance scolaire en milieux défavorisés*, Conseil Scolaire de l'Ile de Montréal, juin 1992.

RENVOIS

Chapitre 3

Solutions aux problèmes du chapitre 3.

Problème n°1

Élevez les 8 allumettes reliant la périphérie au carré central.
On obtient la figure suivante :

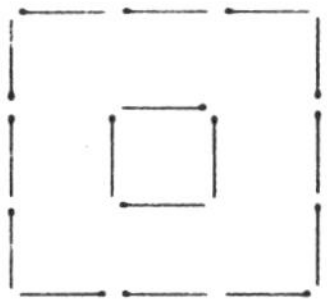

Problème n° 2

Il y a 8 cubes ayant chacun 6 faces, donc 48 faces au total. Parmi ces cubes, 6 ont une face collée à un autre cube. 48 - 6 = 42 faces visibles.

Problème n° 3

Il s'agit de soulever l'un des deux triangles et de former une pyramide à 4 faces identiques.

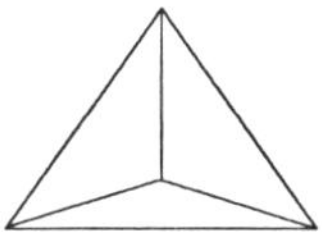

Problème n° 4

La colonne a 60 m de haut par 9 m de circonférence et la guirlande fait 5 tours complets.

La longueur de chaque tour est égal à la diagonale d'un rectangle de 12 m (60 ÷ 5) par 9 m, soit 15 m. La guirlande mesure donc 75 m.

Problème n° 5

Tournez les deux sabliers simultanément. Lorsque le sablier de 7 minutes est vide, retournez-le. Il reste alors 4 minutes au sablier de 11 minutes. Lorsque ce dernier est vide, retournez celui de 7 minutes qui s'écoulera pour 4 minutes. 11 + 4 = 15 minutes.

Problème n° 6

Chaque jour, le plant pousse de la moitié de sa hauteur originale. Pour atteindre 100 fois sa hauteur originale, il faudra donc 199 jours (200 jours moins la hauteur initiale).

Problème n° 7

La réponse est F.

Problème n° 8

Si cette construction était complète, elle contiendrait 2 x 6 x 6 = 72 blocs rectangulaires. Comme il en manque 12, cette construction contient 60 blocs.

Problème n° 9

La première et la quatrième chaînes sont identiques. Il suffit de pivoter de 180° et d'inverser bas et haut.

Problème n° 10

Quatre dards dans le cercle 17 et deux dards dans le cercle 16. 68 + 32 = 100.

Chapitre 4

Solution de l'exercice sur l'intelligence visuelle ou spatiale.

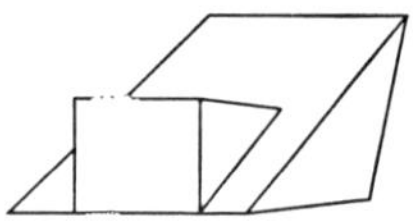

BIBLIOGRAPHIE

Brewer, Chris et Campbell, Don G. *Rhythms of Learning*, Zephyr Press, Tucson, 1991, 317 p.

Brissard, Françoise. *Développez l'intelligence de votre enfant par la méthode LaGaranderie*, du Rocher, Paris, 1988, 233 p.

Campbell, Don. *Music Physician for Times to Come*, Quest Books, Wheaton, 1991, 355 p.

Campbell, Linda. *Teaching and Learning Through Multiple Intelligences*, New Horizons for Learning, Stanwood, 1992, 219 p.

Edwards, Betty. *Drawing on the Right Side of the Brain*, G.P. Putnam's Sons Editions, New York, 1989, 254 p.

Boon, Henri; Davrou, Yves et Macquet, Jean-Claude. *La sophrologie*, Retz-C.E.P.L., Paris, 1976, 256 p.

Gardner, Howard. *Frames of Mind: The Theory of Multiple Intelligences*, Basic Books, New York, 1983, 450 p.

Grosjean, Nelly. *Aromathérapie*, Chiron, Paris, 1986, 282 p.

Healy, Jane. *Endangered Mind*, Touchstone, New York, 1990, 382 p.

Joudry, Patricia. *Sound Therapy for the Walkman*, Steel and Steele, Muenster Saskatchewan, 1989, 153 p.

Linssen, Robert. *Éducation créatrice*, Être Libre, Bruxelles, 1984, 159 p.

Lorayne, Harry et Lucas, Jerry. *The Memory Book*, Dorset Press, New York, 1974, 237 p.

Lozanov, Georgie. *Suggestology and Outlines of Suggestopedy*, Gordon and Breach, New York, 1978, 377 p.

Luria, Alexander A. T*he Mind of a Mnemonist*, Harvard University Press, 1987, 160 p.

Margulies, Nancy. *Mapping Inner Space*, Zephyr Press, 1991.

Ostrander, Sheila et Schrœder, Lynn. *Les fantastiques facultés du cerveau*, Robert Laffont, Paris, 1980, 354 p.

Ostrander, Sheila et Schrœder, Lynn. *Super-Memory*, Carroll and Graf Publishers, New York, 1991, 432 p.

Ostrander, Sheila et Schrœder, Lynn. *Super-Learning 2 000*, Delacorte Press, New York, 1994, 436 p.

Prichard, Allyn et Taylor, Jean. *Accelerated Learning: The Use of Suggestion in the Classroom*, Academic Therapy Publication, California, 1980, 145 p.

Rose, Colin. *Accelerated Learning*, Accelerated Learning System Ltd, England, 1985.

Schuster, Donald H. et Gritton, Charles E. *Suggestive Accelerative Learning Techniques*, Grodon and Breach, New York, 1986, 223 p.

Shri Mahacharya Hamsananda. *Le Yoga de l'amour dans la force*, Albin Michel, Paris, 1990, 383 p.

Shri Mahacharya Hamsananda. *Naturopathie et Yoga*, Albin Michel, Paris, 1976, 269 p.

Tomatis, Alfredo A. *L'oreille et la Vie*, Robert Laffont, Paris, 1990, 277 p.

Uuchi, Felix. *The Evolution of Accelerated Learning from Lozanov to the Present*, SALT, Vol. 17, 1992, p. 43-116.

Wade, John. *Super Study: a New Age Study Guide*, Dellasta, Melbourne, 1990, 108 p.

Witt, Scott. *How to be Twice as Smart*, Parker Publishing Company, New York, 1983, 262 p.

Wycoff, Joyce. *Mindmapping*, Berkley, New York, 1991, 173 p.

Cet ouvrage reproduit par procédé photomécanique
a été achevé d'imprimer sur presse Cameron
par ***Bussière Camedan Imprimeries***
à Saint-Amand-Montrond (Cher), le 17 décembre 1998

Édition exclusivement réservée
aux adhérents du Club
Le Grand Livre du Mois
15 rue des Sablons
75116 Paris

N° d'impression : 985940/1.
Dépôt légal : décembre 1998.

Imprimé en France